Al lector

Nuestro interés es brindarle un conocimiento integral acerca de los temas que manejamos en el ámbito científico, psíquico y espiritual, en busca de una mejor calidad de vida. Antes de leerlo, quiero darle las gracias por adquirir este documento (nuevamente) Dejo a su libertad "creer o no creer" en este extraño encuentro.

Aclaro: No soy portador de ninguna verdad, ni estoy en contra o a favor de ninguna creencia; lo aquí expuesto con sus respectivas pruebas o noticias, le permitirán que sea usted quien al final encuentre sus conclusiones.

De una o de otra manera todos poseemos en nuestro interior, un dios o un demonio, depende por cual queremos ser poseídos.

Si bien dios no existe, el demonio tampoco, este documento lo transportará al interior de su alma, usted evaluará, no solo sus creencias, sino realidades, terminada su lectura, su óptica de la existencia de las divinidades y el mundo de las sombras no será igual.

Omar Hejeile Ch.

AUTOR
Omar Hejeile Ch.

Editorial Wicca, rescata el poder inconmensurable del
ser humano y la naturaleza; un poder que todos poseen,
sienten, perciben, pero pocos conocen, a través de los
textos, programas de radio, se invita sin imponer una
verdad o un concepto, para que cada uno que siente el
llamado desde su interior, quien descubre la magia de
los sueños, y desea obtener el conocimiento, por ende,
la transformación de su vida alcance el centro de la
felicidad.
La vieja religión ha renacido...
y está en sus manos.

WICCA
ESCUELA DE MAGIA

La vieja religión basada en el conocimiento mágico, de viejas culturas perdidas en el tiempo, escapadas del mundo de los hiperbóreos renacen como el fénix la armonía del hombre con la naturaleza.

Wicca, vocablo que procede de Wise, Wizard, significa "El oficio de los sabios" "Los artesanos de la sabiduría" Durante milenios de persecución, los documentos antiguos de la vieja religión permanecieron ocultos esperando el momento propicio del renacer, ahora, Wicca, recupera algunos de los viejos conocimientos del influjo lunar, el sol, los grandes Sabbats, el poder secreto de los encantamientos y embrujos, el arte de los sortilegios, el infinito mundo mágico de las plantas, el secreto de las estrellas.

Mas información en :
www.ofiuco.com
www.radiokronos.com
www.wiccausa.com

© 2021

Autor: Omar Hejeile Ch.

Derechos Reservados

Título: El Demonio, Dios y Yo

1ra Edición 2002

ISBN: 978-958-9464-08-3

2da Edición 2021

978-958-8391-67-0

Sello Editorial: *WICCA S.A.S (978-958-8391)*

ENCICLOPEDIA: *"Universo de la Magia"*

Diseño y Diagramación: Mario Sánchez C.

EL DEMONIO, DIOS Y YO

Un abismo...
Entre la Fe y la Razón

Sintonizando la radio se escucha al locutor hablar del desastre humano, el diario vivir, las noticias del mundo que se debate entre la vida y la muerte, el silencio del amor en los corazones, un universo que se levanta en la desesperación por la vida.

Se encierra el sufrimiento en el alma agazapándose el dolor en la esquina, la destrucción aparece en el umbral de la puerta entrando sin llamar. Las noticias hablan del sufrimiento de una familia: el hermano mata al hermano, el uno guerrillero, el otro militar.

El asesino desalmado clava el puñal por una joya. Los pueblos creyentes de Dios se enfrentan en una guerra donde no existe la tregua, el hombre mata al hombre, el uno cree en un Dios que para el otro es el Demonio.

Escucho al locutor narrar una serie de noticias nada singulares que aparecen en la Internet, impostando la voz anuncia la crisis de la iglesia. Al leer el teletipo, con voz entrecortada y algo dramática dice...

...La voz del locutor se apagaba lentamente a medida que leía, como si en su alma se anidara el desconsuelo. Las palabras se perdieron cuando las noticias fueron cortadas por alguna propaganda mal realizada: la manera de ocultar una verdad.

En las noches estivales cuando el alma se aleja del pensamiento, meditaba:

He oído hablar tanto de Dios, de su amor y protección, de su esperanza, de su perdón y milagros, lo he buscado en cada rincón, en los templos hermosos creados por los hombres, en las páginas amarillentas de los libros antiguos, he buscado a Dios en cada lugar, más en ello solo he encontrado la relación de un Dios que no aparece por ninguna parte.

Existen libros que lo nombran, pero nadie sabe en donde está. ¿En qué lugar se esconde...? ¿Cuál es la razón de la ausencia del amor que se supone envuelve a Dios?

Perdido en mis reflexiones, la duda se alojó en mi alma ¿Será que Dios no existe? ¿Será mentira?
En la inquietud de mi pensamiento y conociendo al Dios de los hombres el cual solo aparece muerto y crucificado en las iglesias, o en las páginas de libros ancestrales, se me ocurrió una idea:

Investigar la existencia del Demonio, quizá así encontraría un rastro de Dios.

Son tantas las religiones, se habla de mil Dioses diferentes, pero el Demonio es y ha sido uno sólo, no existe un Demonio diferente, para cada Dios. ¿Será que es al contrario? Que el Demonio es... Y los Dioses patrocinadores de las guerras y la muerte, son los... ¿Si existe un sólo Demonio, como existen miles de Dioses? ¿Y cómo entre tantos Dioses supuestos no lo han destruido?

El Demonio, aparentemente un ser malévolo portador de la destrucción y del mal. Había escuchado al igual tantas historias de su presencia, que estaba confundido. ¿Quién es aquel extraño que aún el Dios de los hombres le teme? De no temerle no propagaría tanta prevención hacia él. La tentación, la lujuria, la traición y mil cosas más de la barbarie humana se le atribuyen.

¿Dónde encontrar las respuestas sin que intervengan los conceptos que muchos gritan desde los púlpitos, a son de creer por creer?

Desde niño nació en mí la inquietud de descubrir aquello que el hombre muestra como prohibido, alguna extraña razón marca mi sendero llevándome a entrar en el mundo de lo oculto. Hace ya mucho tiempo rompí los lazos de una religión y credo que sólo me brindaba dolor.

Dolor en el castigo de un Dios sin misericordia. Dolor en el juzgar cualquier acto.

Dolor en destruir la creación sin perdón. Dolor al permitir la crucifixión de su hijo, en fin, son una serie de razones las que me hicieron aventurarme al mundo de lo desconocido.

Aprendí de un zapatero que en todas las historias hay dos versiones: la que cuenta el pie derecho y otra... Muy diferente, la que cuenta el izquierdo.

Renuncié a los comentarios, entregándome a descubrir el Demonio de los hombres, no creo que haya mejor conocimiento sino el que uno emprenda.

Días más tarde de estas reflexiones ocurrió en mi vida un suceso extraño, un encuentro místico como sí el timonel de mi vida me llevara a indagar en los misterios.

Hoy, retomando mis apuntes, trato de aclarar en mi memoria el recuerdo de tan extraños seres. Ni aún la fantasía humana, hubiese jamás imaginado que así fueran los Demonios o ¿Quizá me equivoqué?

...El día de fin de año despierta, un día añorado por algunos y temido por otros.

Me aventuré en la mañana a trabajar pensando en atrapar los últimos minutos en concluir algunos documentos.

El silencio del día en la pequeña oficina, el refugio ideal cuando se quiere estar solo brindaba un oasis para mi mente, esperando las horas de la tarde para celebrar una fecha que, por demás, en el fondo de mi ser, no importaba. Cada día es igual y mañana, primero de enero, será tan solo un día más.

Me encontraba aislado del mundo de ese jueves 31 de diciembre mientras la tarde agonizaba con su marcha lenta y taciturna, de pronto, el cielo se rompió y la lluvia cubrió la tierra como una despedida del año que en pocas horas terminaría.

A través de la ventana, veía la lluvia caer formando aquellos círculos extraños que como aros caídos del cielo aparecían y desaparecían, el cielo nublado y el frío extraño que antecede al fin de un año.

La soledad de ese momento fue estremecida por los truenos, los rayos relampagueaban incesantes iluminando por un instante, los elementos se desencadenaron, el cielo bramaba de furia y la lluvia golpeaba los cristales amenazando con romperlos, el espectáculo a pesar de lo inhóspito y sobrecogedor no dejaba de tener la belleza escondida, ver la lluvia en abundancia no deja de ser un espectáculo maravilloso.

Pasaba la tarde en espera que el inexorable reloj del tiempo transcurriera silencioso para recibir el nuevo año, también esperaba que cesara de llover para poder salir.

El humo de un cigarrillo me invitó a jugar, entretenido formaba coronillas que semejan las nubes.

Siguiendo el movimiento ondulante del humo, mis ojos quedaron atrapados por un extraño libro, obsequio de un desconocido, hace ya mucho tiempo, su pasta negra y ajada dejaba ver algunas letras góticas de color dorado cabalgando sobre su lomo.

La lluvia y los truenos retumbaron, mientras mi atención se fijó en el extraño grimorio.

Como un autómata me apoderé de él; abriendo las alas de la imaginación, me sumergí en el espacio insondable del pensamiento de un escritor loco, que tuvo la osadía de aventurarse en el mundo de la noche, invocando a los espíritus y Demonios.

En la medida en que me concentraba en las extrañas páginas, de mi mente se alejó el pensamiento del fin de año, entre tanto, mis ojos recorrían las primeras líneas.

Su prólogo era más el testamento de un moribundo arrepentido que el comentario certero y lleno de loas de los libros modernos, donde los amigos del escritor lo enaltecen en alabanzas de mentiras, mis lentes algo humedecidos por el frío se empañaron cuando leí aquel nombre: Satanás.

Una serie de advertencias se escondían en las primeras páginas. "Técnicas de invocación diabólica": titulaba el primer capítulo.

Acomodado en el sillón me sumergí en su lectura, llovía más fuerte, los relámpagos le daban vida al libro iluminándolo por momentos, los comentarios del autor despertaban a cada segundo mi interés de tener un encuentro con el Demonio.

Oraciones extrañas combinadas del latín y sánscrito, pronunciadas de determinadas maneras o escritas al revés sobre un espejo ahumado en las noches de plenilunio o en los días de tormenta, abrirían las puertas del Hades, y el Demonio acudiría a la cita.

Al principio me pareció ingenuo creer algo así.

Lejos estaba de imaginar los sucesos que ocurrirían más tarde... 31 de diciembre, un final de año atrapado en una tormenta, nada que hacer. Excepto que aceptara terminar el año caminando bajo la lluvia, pensamiento que no me atraía demasiado.

Abandoné el libro para hacer algunas llamadas, más de compromiso social que de verdadero sentimiento, con el consabido "¡Feliz Año!, Que pena no poder asistir a la reunión, pero mis mejores deseos por... bla, bla, bla", los comentarios de costumbre.

La radio interrumpió su programación, no para desear felicidad, sino al contrario, noticias nada halagüeñas: "El aeropuerto ha sido cerrado por el mal tiempo". Decía el locutor, por el tono de voz supuse que también estaba desesperado al pensar que tendría que quedarse atrapado en la emisora. Según los reportes del tiempo nunca se había tenido conocimiento de una tempestad de tal magnitud, los bomberos acudían a los barrios bajos que ya acusaban enormes inundaciones, las avenidas más importantes se encontraban atascadas, los daños de los semáforos y la sugerencia de nuevas rutas.

La voz del locutor se fue alejando, entretanto mi atención quedó atrapada en aquellas líneas del insólito libro:

...*"En una tarde de tormenta, cuando el cielo se rompa en cristales de luz estrellándolos contra la tierra, cuando el sol se oculte y llegue la oscuridad, y los ríos sin cauce inunden el universo, las puertas del Hades se abrirán. El Demonio estará libre de su infierno, la bestia aparecerá de la nada, será el inicio del fin de los tiempos"*.

Me estremecí... De una o de otra manera sentí miedo. La piel se erizó... En ese instante se hizo el silencio, miré la lluvia los truenos retumbaban...

El granizo, pequeños diamantes blancos refulgían por un instante y luego se derretían, lo asocié con la frase: "Cuando el cielo se rompa en cristales de luz".

Un extraño escalofrío recorrió mi ser... Pensé que era mejor dejar quieto el libro, que mañana lo regalaría. Para siempre abandonaría el pensamiento de encontrar respuestas a lo desconocido.

Tratando de distraer mi mente decidí que desde ahora me dedicaría de lleno a mi pasión: ¡Volar!

Cerré el libro y viaje por un instante al recuerdo de los aviones, la sensación agradable y mágica cuando se devora la pista y el velocímetro marca 10... 20... 30... 50... 60... Un movimiento suave, muy suave, el avión enfila la nariz hacia el cielo, es un instante indescriptible cuando se siente perder el contacto con la tierra y las ruedas flotan, el altímetro inicia su carrera marcando los 500 pies por minuto, la tierra se aleja y se está libre... El viento, el espacio azul, sin límites, la libertad.

... Mis recuerdos fueron interrumpidos, la luz se volvió intermitente, la radio producía el ruido característico de la señal que sale del aire, en un segundo quedé envuelto en una extraña luz que se alcanzaba a colar por la ventana bañada por la lluvia.

La penumbra cubrió cada rincón; que mala manera de terminar un año. ¿Ahora qué? Busqué la solución fácil: llamar a alguien, pero..., la línea no respondió. La oscuridad y el temor me llevaron a encender una vela, su luz lánguida fluyó creando extrañas sombras unidas a un aguacero infernal.

Oh..., Oh..., Esto no está nada bien, (suspiré) cubrí mi rostro con las manos en un ademán de resignación ficticia, no quería estar allí, ¡pero ni forma! 31 de diciembre aislado del mundo.

Transcurrió algún tiempo, más sereno, caí de nuevo en la tentación del libro. No me vencería la tormenta ni las creencias infundadas, refregué mis ojos, acomodé mis lentes. Los truenos sacudieron el cielo, como poseído por alguna extraña fuerza leí aquel conjuro de hecho ilegible.

Pronunciando el conjuro de las Sombras, la vela y los relámpagos daban al libro un extraño fulgor.

Aeterne sapiens, fortis, potens, Ens Entium, creator mundi veni in hun locum, et tua presentia majestate... orat vos et supplicat humilisseme servus omnes spiritus venite et colligite sanguinem istum...

San uti cados, cados, aye en secte infernal spirit se precet...,

Etc., Etc., Etc. No entendí nada, me quedé esperando que algo sucediera, pero nada ocurrió. Perdiendo el interés, pensé en el escritor y sus vivencias... Las páginas pasaban sin sentido... La lluvia pasaba... La luz de la vela también pasaba...

...Los golpes repetidos en la puerta me hicieron incorporar, alguien tocaba de manera seguida, extraño, me pareció, no esperaba a nadie y nadie sabía en donde me hallaba. La oscuridad era total, sin embargo, me apresuré a abrir.

La puerta crujió por el frío, un viento fuerte cargado de gotas de lluvia se estrelló en mi rostro, pero... Mi desconocido visitante no estaba, no había nadie en el umbral de la puerta.

Miré hacia la calle cubierta por la semipenumbra, el canto de la lluvia acompañaba la soledad de ese fin de año. Añoraba un café, pero debía esperar que retornara el fluido eléctrico, el pensamiento de la vela encendida en la estancia me hizo regresar dispuesto a realizar el único acto que se puede en esas extrañas circunstancias: ¡Dormir!... ¡Cuánto deseaba la compañía de alguna ocasional amiga! Contaba con un mullido sofá... Al regresar... Quedé petrificado...

Mi respiración se cortó... Mis piernas se debilitaron... Mi lengua creció, sentí que mis ojos salían de sus órbitas, mi mente giró... Casi perdiendo el sentido, ¡Qué susto tan impresionante!

Un extraño ser estaba mirando hacia la calle por mi ventana, una capa negra y brillante cubría su cuerpo, sólo veía una cabellera larga y ondulada. ¿Cómo entró?

Busqué sobre el escritorio en un impulso instintivo alguna especie de arma, no había nada, las páginas del libro pasaban rápidamente leídas por el viento, la flama fulguró tornándose azul, quise correr, pero no pude...

La capa flotó, se volvió hacia mí muy despacio... Quise gritar, pero las palabras enmudecieron en mi garganta, esperando ver al monstruo del Demonio, arrojando fuego, con ojos extraños de color rojo que me destruirían.

El cielo rugió... Los rayos sacudieron el mundo y la tormenta arreció, no podía ver su rostro, la luz de los relámpagos encandelillaba mis ojos, de pronto... Llegó la quietud.

...Al recordar ese momento, no dejo de relacionarlo con una entrada teatral de una película barata de terror. Hoy tan sólo sonrío de la ingenuidad de nuestra mente, comprendo ahora porque ante el miedo el cuerpo reacciona y a veces los pantalones no quedan en las mejores condiciones, el terror de lo inesperado es eso: ¡terror!

Frente a mí, un ser desconocido vestido de negro no era un monstruo, al contrario, a pesar de la penumbra pude contemplarlo, sus ojos claros, su mirar sereno como un antiguo maestro, el cabello ondulado que caía sobre los hombros, una barba cuidada daba al rostro un aire oriental, mi cuerpo se recobró de manera inmediata, miré aquella aparición que en nada era monstruosa; Lo interrogué:

–¿Quién es usted?

Mientras esperaba la respuesta me pareció conocido, era como la imagen que la mente ha ideado de Cristo, me confundí...

Movió las manos en ademán de pregunta y señalando el libro dijo:

–¿Para qué me invocaste?

En ese instante las páginas volaron... ¡Bueno! Eso vi en ese momento, ahora, tiempo después comprendo lo que pasó.

–Tu... Eres... El... El... Demonio. –Sentí que me desmayaba–.

25

—Soy la idea de lo que creas que soy, para algunos, el Demonio.

Cuando pronunciaste el conjuro mágico, liberaste las fuerzas del poder, has invocado mi presencia, y siempre acudo a la cita. —Dijo una voz suave y misteriosa que no salía de su boca.

Asocié lo que ocurría; había invocado al Demonio.

—*Lo lamento, no quería llamarte, pensé que no existías, lo del libro fue un impulso.*

Quería disculparme o al menos mantener una actitud de cortesía, nadie sabe qué puede pasar frente a un desconocido y menos si es el Demonio, las leyendas advierten que, si se altera, destruirá sin clemencia... Leyendo mi pensamiento dijo con voz melancólica:

—Cuentos, tan sólo cuentos...

Caminó despacio acomodándose en mi sillón, la luz de la vela me permitió verlo mejor, si tuviera en lugar del vestido negro una túnica azul y blanca pasaría por Cristo.

La capa caía, sus manos entrelazadas sobre las piernas, su mirada me interrogaba. Quedé vacío, sin preguntas, tanto tiempo buscando una respuesta y ahora que estaba frente a frente con el Demonio no se me ocurría nada.

Recordé por un instante aquella anécdota del periodista que después de esperar por una entrevista con Albert Einstein, al lograrla tan solo preguntó: -¿Le gusta el fútbol? Olvidando preguntarle por la eternidad del tiempo. No quería cometer una equivocación igual, así que superando mi nerviosismo indagué:

—*¿Crees en Dios?* —Pregunta absurda, ni yo creía en Dios, pero fue lo primero que se me ocurrió.

—Soy Dios... —Replicó—

—*¿Qué? No esperaba esto. No invoqué a Dios sino al Demonio.*

—Igual; Soy el Demonio.

Me quedé sin armas, la respuesta produjo una tormenta en mi mente como la que se desataba fuera.

—*No comprendo, ¿Cómo eres Dios y Demonio?*

—En definitiva, hay un Dios y un Demonio, atrapados en tu mente.

—*¿Y el pecado, la condena, la lucha entre el bien y el mal que tú representas?*

—No represento el mal, ni represento el bien.

—*Si no eres el Demonio ¿Por qué acudiste a esta cita? Y ¿Por qué si eres Dios, cuando te invoqué no lo hiciste? ¿Cómo Demonio te presentas y como Dios te escondes?*

—Es cuestión del conjuro, si invocas a Dios sin el conjuro correcto no aparecerá, invocaste al Demonio con el conjuro correcto y aquí me tienes.

—*Entonces las oraciones, las proclamas, los cánticos, los rezos. ¿No tienen el poder para invocar?*

—Humm... Son palabras sin valor, los conjuros, tienen un poder secreto.

Se hizo un silencio sepulcral, la lluvia golpeaba la ventana, a lo lejos sonaba el ulular de las sirenas.

—*Durante milenios has sido la representación de la tragedia de la humanidad: la maldad, el dolor, los libros que hablan de Dios te consideran la perdición. Tú eres la realidad del pecado, según dicen los dogmas y los credos, eres el Demonio maquiavélico y destructor, eso gritan en los púlpitos quienes dicen ser mensajeros de Dios.*

—Con tristeza preguntó —¿Eso... Dicen? ¿En dónde está el pecado, en el deseo de vivir y ser? ¿Acaso la limitación de la mente es pudor, el no desear es don y la virtud del placer pecado? ¿Quién dijo que algún acto del ser humano es pecado?

–Los textos antiguos y los pregoneros de la fe.

–Los libros... –Hubo un hum extraño e interrogante–.

–¿Los libros o los hombres? ¿Acaso el amor es pecado, el don de amar no conlleva al tiempo el deseo y la pasión? ¿En el amor no está escondida la traición? Si el amor no es para ti, tú (señalándome) te sentirás traicionado al ver que se ama a alguien más. Pero ello no es pecado, el desear amar y ser amado es la esencia del hombre. ¿Cuál es el límite de una pareja que en el trigal descubre el espíritu de la vida y se entrega sin límites al sentimiento más noble, el de amar?

–¿Qué sabes tu del amor? Pensé que no amabas, eso dicen quienes se proclaman servidores de Dios o elegidos espirituales, gritan en los templos que eres enemigo del amor, que tu presencia es sinónimo de maldad, traición, odio y desprecio.

Se quedó pensativo contemplando la lluvia que golpeaba los cristales:

—El amor es la libertad del pensamiento, así que ellos en sus creencias son libres de hablar, rezar, condenar, en fin, de lo que hay en el corazón habla la boca, quien de verdad ama, solo habla de amor.

¡Y claro que amo! Más de lo que imaginas, es tan grande mi amor que no he cuestionado las injurias que han proferido sobre mí, al contrario, las acepto con serenidad.

El amor es el don de dar ¿Acaso no es amor cuando tomas las plantas en la noche de plenilunio y haces un ritual para obtener sustento? ¿No es amor cuando descubres una planta mágica y curas una enfermedad? Algunas personas prohíben y condenan aquello que más desean y lo llaman pecado, quienes ciegamente les siguen, se hunden en el fango de su pobreza mental, la tentación es el deseo perpetuo del inconforme.

¿Piensas que la tentación destruye? Por ventura ¿Quién desea progresar no se siente tentado a cambiar de empleo por uno mejor donde recibirá mejor remuneración? ¿Y eso no es amor para consigo y para los suyos? El progreso y el avance rompen las cadenas de la miseria, sólo quien se ama y ama, es poseedor del amor ¿En dónde está el pecado?

El amor, caminante de la noche, es la fuerza de la tentación, el poder de ser, la luz que se despierta en la oscuridad, la magia sin límites.

Mi infierno es la libertad de quien descubre el cielo del amor, de la entrega, de aquel que no acepta las reglas y trabaja, aunque para otros sea día de reposo. En mi infierno sólo existe una regla: Sé fiel a ti mismo.

¿Si no te amas, como pretendes amar a alguien más? ¿Si no eres benigno contigo y te das lo mejor, cómo lo darás a otro? ¿Si te sacrificas y te olvidas de ti, quien te amará? ¿Si te destruyes en una supuesta culpa de tus actos en donde quedará la experiencia? Para ti, debes ser el primero en tu pensamiento, si no te dejas tentar por avanzar, ¿Cuándo lograrás el triunfo?

Si la sal perdiera su sabor ¿Con qué la harías salada?

Esa frase se me hizo conocida...

—Eres tú, quien conoce tus necesidades, con base en tu creencia construyes día a día tu destino, así que lo primero: Sé tú mismo mientras vivas.

Si quieres estar en mi infierno, debes amarte sobre todas las cosas, tendrás el mejor amor, y cuando se vaya llegará otro, serás fiel a ti mismo. Has visto la viuda que guarda fidelidad al pasado mientras se priva del goce del amor y de ser amada, desperdiciando la experiencia que ha tenido de amar.

¡Piénsalo bien! Te darás cuenta de que de una o de otra manera siempre has pensado primero en ti y después en los demás, si no, mírate, hoy estas aquí en este lugar mientras que otros desearían que estuvieras allá, entonces pensaste en ti.

Cómo un alumno de primaria, levanté la mano para interrumpir:

—¿Perdona, pero eso no es egoísmo? ¿No es ser egoísta pensar sólo en uno?

Me miró, quedándose como una estatua, sus ojos brillaron como los relámpagos del cielo, cerrándolos en un ademán de comprensión dijo:

—¿Quién no es egoísta? Escucha: no darás algo que no poseas ¿O te endeudas pidiendo prestado para darle a otro? ¿O trabajarás por otro? Aunque, hay mucha gente que lo hace y luego pierden. Si eres objetivo advertirás que el padre que desea que sus hijos estén bien, se procurará un buen sustento, para obtenerlo deberá pensar primero en él y cuando esté bien, les brindará bienestar a los suyos.

Tomemos un ejemplo para que comprendas y entiendas las reglas de mi infierno.

Dos seres de 17 años tienen similares alternativas, están en equivalentes condiciones, ni son ricos ni son pobres.

Con oportunidades de ingresar a estudiar, de amar, de exigirse o de ser ociosos y las alternativas que imagines. Bien, uno acepta vivir en mi infierno, toma el primer punto y el único: amarse, se siente tentado a vivir, busca una profesión que le brinde ese futuro de estar bien.

Sabe que tendrá que esforzarse durante algunos años, pero después logrará realizar sus aspiraciones, para ello, se exige trabajando de día y estudiando de noche, se compra buena ropa, se da gusto, conoce chicas, disfruta, vive sin perder la meta que se ha impuesto, aprende de sus actos, como se ama, sólo cosas buenas se darán.

Miremos al otro, que no es egoísta, se siente tentado a estudiar y trabajar, pero según los conceptos piensa y acepta que esa tentación de progreso es pecado, así que desecha la idea.

Se deja arrastrar por los demás ya que no tiene ni personalidad ni metas claras, y se dedica a trabajar con sometimiento para otros.

Da de sí el diezmo, porque no es egoísta, como no aceptó la tentación de estudiar no sabe nada, no progresa, su traje se deteriora y acepta con resignación el conformismo de la miseria, con el pensamiento: **"Dios proveerá"** No se ama, no importa lo que haga, descubre el bien y el mal de otros y cae en el bien y en el mal de otros.

¿Cómo crees, que terminará la vida de ese pobre? ¿Crees, que posterior a esta vida ganará un cielo?

Le dirán: Que se resigne porque cuanto más miserable sea el vivir aceptando su dolor con humildad confiando firmemente en Dios, tendrá como premio la felicidad de un cielo.

Lamento informarte que ese cielo no existe después de la muerte.

Una carcajada terrorífica sonó, retumbando al igual que los truenos, afirmando las palabras del Demonio; pero él no reía.

—En cambio, el otro que se ama, que no cree en lo que escucha, que no acepta la imposición de lo prohibido, te garantizo que él vivirá en el infierno de la dicha, pero lo disfrutará aquí y ahora, no después de muerto. Te digo: más allá de la muerte hay otra vida y será continuidad de lo hayas construido en esta.

¿Sabes? El egoísmo es la fuerza del progreso,

Quien piensa en sí,

Quien desea lo mejor para sí

Quien busca el triunfo

Quien progresa

Ese es un egoísta.

Cuando lo seas, debes tener cuidado... Te juzgarán como pecador porque no regalas tu trabajo al enriquecimiento de otros... Te condenarán como mi aliado. Estás embrujado y por eso dirán: Hizo pacto con Satán y le va bien... Sabe de magia y hace brujería, por eso progresa. Eso dirán quemándote en la hoguera del desprecio, te arrojarán injurias para destruirte.

Quien está tentado es grande en la Tierra, en el Cielo y en el Infierno; no hay tesoro de mayor valor que la tentación.

Me miró, traspasando mi ser, lo escuchaba sin dar crédito a lo que oía, se reafirmaban mis conceptos sobre el Demonio, afuera aún llovía, la tormenta se alejaba, los truenos y relámpagos sacudían el cielo.

—¿La tentación? ¿Acaso no es el símbolo del mal? Siempre he oído: evita la tentación y cuando venga domínala y véncela... Castiga tu cuerpo si te sientes tentado, si tu mano te tienta córtala de tu cuerpo y arrójala al fuego eterno, confiésate y lucha por vencerla, arrepiéntete de tus pensamientos, haz sacrificio, penitencia y paga el diezmo para aplacar al Demonio de la tentación que ha poseído tu cuerpo llevando tu alma al pecado, eso dicen...

Desde el más allá escuche una macabra carcajada que termino en un trueno, el reflejo de un relámpago iluminó la ventana, sentí terror, no era él quien reía, era una risa que parecía venir de todas partes. *—¿Por qué te ríes así?*

—No soy yo. Quizá es la risa del Demonio que habita en tu interior al escuchar que las vivencias que enaltecen el espíritu en la libertad son condenadas como pecado, por eso pedirán que saques tus ojos para no ver la verdad y que amputes tus oídos para no escucharla.

—Háblame de la tentación.

—¿Sabes el significado de intentar? Es cambiar, proyectar, asumir una nueva alternativa, ver lo diferente, escapar del común. ¿Entonces la tentación no es la prueba del ser?

La tentación es romper los límites del deseo, avanzar a los caminos que se abren en el horizonte del futuro.

Sin la tentación no se descubre,
Sin la tentación no se avanza,
Sin la tentación se cae en la resignación y el conformismo de aceptar ser sin ser, ¿Acaso no es verdad que si descubres el conocimiento del bien y del mal estás tentado a ser libre?

La serpiente, el símbolo de la sabiduría y la tentación, es el avance para Todos y no para unos pocos. Cuando vives para ti la tentación te hace amar deseando ser mejor cada vez, sin límites, ni culpas que destrocen tu pensamiento en horas de amargura, flagelando tu cuerpo y tu espíritu pensando que con la tentación has dañado tu vida.

Pero si dejas que la tentación guíe tu camino descubrirás la magia del poder que mora en tu interior, te invito a vivir, dejándote tentar de la vida bebiendo el almíbar del conocimiento y la sabiduría.

–Pero... ¿La tentación hacia el mal? –Pregunté–.

—¿Cuál mal? ¿Cómo saber qué es lo malo y lo bueno y para quién? Digamos que amas y supones, piensa bien, ¡supones que te aman! Un día cualquiera, aquel ser que amas, se encuentra con alguien que despierta otra clase de sentimientos diferentes a los que tenía contigo, descubre algo que ni siquiera sabía que sentía, llega la tentación de actuar. Al hacerlo, entonces te lo dice: ya no te ama y ahora es feliz en otros brazos. ¿Qué pensarías? ¿Qué en los brazos de esa persona ha descubierto un nuevo sentido del amor?

Me sentí presentando un examen, luchaba por coordinar las ideas que me asaltaban confundiendo mi mente, supuse que... ¡Bueno! Creería que me ha engañado, que me traicionó, que se burló de mí, que fue una falsa, que se dejó llevar por la tentación, que la otra persona es un... Supuse que así pensaría en tan extraña situación.

—...Te llenarás de ira y reproches, el amor que sentías se transformará en odio, desearás que le vaya mal, pensarás que es una pecadora, una adultera, que debe morir a piedra, como lo ordena la ley de Moisés, o quizá uses otras palabras, ¿Verdad?

Y considerarás que eso para ti es malo.

Pero para ella y la otra persona es bueno y en el fondo también para ti. Dime, o mejor piensa: ¿En dónde está lo malo?

Dependerá en qué lado de la balanza estés, si eres tú quien encuentra una oportunidad de ser feliz sintiéndote tentado a serlo, tu felicidad sin duda será la desdicha de otro. Si las condiciones te favorecen, el otro es quien está equivocado. Sólo aceptarás ganar, así justificarás el bien. De lo contrario, si pierdes, considerarás el mal.

Te cuento una historia...

Se acomodó, evocando los recuerdos perdidos en el tiempo.

En el inicio del mundo existió una serpiente llamada Vir, pasaba los días reptando y atrapando las aves. Un día cualquiera, escuchó a un hombre murmurar a otro: "Que los esclavos no descubran el poder del árbol que existe en el centro; de hacerlo, lograrán más fuerza y poder y si comen de él vivirán para siempre, y serán como uno de nosotros conocedores del bien y del mal.

Debemos alejarlos del árbol que está en el paraíso o los perderemos y con lo poco que les pagamos se acabará la riqueza que ellos aportan, las arcas quedarán vacías.

¿Pero, qué hacer para que no se acerquen y sean como uno de nosotros? Alimentemos sus miedos, digamos que el Demonio habita en el árbol y quien se aproxime morirá para siempre y para estar seguros matemos uno o dos o mejor tres y los dejamos cerca.

Que uno muera del golpe de una quijada, diremos que el hermano lo mató, así tendrán temor del árbol y no se acercarán jamás y nosotros viviremos tranquilos. Si ellos no piensan, ni sienten poder, sino temor, serán más sumisos y su miedo será nuestro aliado"

La serpiente sorprendida pensó: "Que injusto el hombre que subyuga y limita a otro para su beneficio, el árbol del centro no es el mal ni el bien sino la sabiduría escondida en la libertad del pensamiento.

Pobres hombres, deben saber que la libertad está no en temer al árbol sino en tomar de él. Debo avisarles, van a ser sacrificados a nombre de un Demonio que no existe."

Valiéndose de la astucia que caracteriza a las serpientes, Vir serpenteó acercándose a una bella doncella contándole lo que había escuchado, sorprendida sintió la tentación, corrió al árbol del centro y tomó del fruto y fue libre, luego lo repartió. Los hombres se dieron cuenta, que el poder estaba en ellos, rebelándose al sometimiento, valoraron su esfuerzo, terminaron con las limitaciones. Despertaron de la opresión y tomaron conciencia de la libertad.

Puedes decirme ¿De quién era la maldad? ¿De Vir o de quienes planearon las muertes de los hombres que encontraron la libertad?

Para aquellos que planearon la muerte, el miedo a perder sus esclavos pudo más y ya no fueron tres los muertos, sino todos.

Para destruirlos crearon un diluvio y sin compasión los mataron. Vir sobrevivió a la matanza para contar la historia, pero nadie le creyó y quien la escucha es condenado como amigo del mal y del Demonio. Desde entonces se ha condenado a la tentación.

¿Si alguien motiva a un cambio, si sugiere las pautas para el progreso, si brinda sabiduría para el avance es considerado traidor? Este concepto no es compatible con la realidad; si alguien motiva, apoya, estimula, despierta conciencias y crea líderes para el beneficio colectivo, está generando un avance hacia la libertad, de lo contrario, sería el equivalente a ser cómplice de la esclavitud. La serpiente muy al contrario de la tradición no es la representación del mal, es la representación de la libertad.

¿En dónde está la maldad, en quien somete a la esclavitud o en quien busca la libertad? El mal o el bien, el deseo y el placer, el recato y la hipocresía, cada uno actúa en consecuencia de sus creencias.

La llama parpadeaba formando sombras juguetonas, —*¿Ese fue el nacimiento del mal?* —Pregunté—.

—¡No! El mal no existe, está en la mente de quien cree en el mal.

—*Tú eres la representación del mal.*

—Soy lo que tú creas que soy.

Se incorporó, creí que había cometido una imprudencia retando al mal... Me miraba... Sentí miedo. ¿Qué pasará ahora? La capa se movió impulsada por un viento extraño, sin mover sus labios, en el interior de mi pensamiento escuché:

—No existe peor mal que la restricción, he aceptado durante milenios las injurias causadas por aquellos que temen a sus deseos más profundos y los pregonan culpándome de sus pensamientos. ¿En dónde está el mal sino en la mente del que cree en el mal? Llaman maléfico y diabólico a aquello que codician y no poseen. ¿Por qué crees que condenaron a las mujeres bellas a la hoguera? ¿O acaso no oyes el quejido atrapado en las paredes de los templos cuando son violadas?

La noche caía, estaba atrapado en la pequeña oficina hablando con el Demonio, pero parecía que estuviera hablando con otro ser.

—Escucha: El ser, vibra en dos universos: el de su interior y el de su exterior, dejándose arrastrar en los conceptos y creencias de otros a quienes supone mejores olvidando su interior. Considera sus pensamientos como pecado y maldad al tratar de superarse.

Al descubrir el poder de su mente,
Al encontrar respuestas a la vida.

¿Has visto que aquel que piensa y no se arrodilla es juzgado y condenado por no someterse y ser resignado?

Los que piensan y se rebelan son llamados hijos del Demonio. Aquellos que luchan y se superan son espíritus inmundos de maldad. El que quiere progresar y cambia tomando una decisión ¿No es llamado "traidor?" ¿Por qué? Porque no se quedó a soportar la pobreza, ni mental ni física. ¿Eso es el mal y el Demonio? ¿Eso es el pecado?

—*Me refiero al mal de aquellos que matan, destruyen, aniquilan aún a sus hermanos y según los profetas son poseídos por ti.*

—¿Poseídos por mí? ¿Por qué me atacas? ¿Acaso soy yo el que destruyo? ¿Tienes testimonio real o pruebas que me culpen de la destrucción? ¿Te has detenido a pensar que mueve al victimario para destruir a su víctima? Si analizas, son los pensamientos, los que incitan al bien o al mal.

¿Quién es poseído por un Dios o por un Demonio, aún más, por otro ser? ¿No será que cada cual es poseído por su angustia, por su ira, por su temor o por su deseo?

Cuantos son poseídos por sus miedos, al obsesionarse con el amor imposible, creen que han sido embrujados por un supuesto Demonio que vive a través del amor, pero no es así, son poseídos por su desesperación al no tener lo que desean.

—*Si eres el Demonio ¿Qué es para ti el mal y el bien?*

—¿El mal? ¿El bien? No existen, depende de los conceptos de cada cual que en libertad actúa de acuerdo con sus intereses. ¿Qué es la maldad o la bondad sino el deseo de ser libre? ¿Has pensado que el bien o el mal es la calificación de un acto que uno hace a otro?

No existe maldad, ni bondad. ¿Cómo calificar lo uno o lo otro, víctima o victimario, quien tiene la razón? Se considera que hay maldad en quien causa dolor. Pero se ignora que en el sufrimiento y en las crisis se presentan las fuerzas para el cambio, el infinito de opciones entre el bien y el mal dependen de cada cual; los hombres juzgan de acuerdo con su óptica, aplicando la ley: ojo por ojo y diente por diente.

En el fondo de los corazones existe la justicia interior, de acuerdo con los actos y no a los conceptos, si haces daño, eso tendrás; si haces bien, eso hallarás. El mal o el bien no está ni en Dios ni en mí, está en cada ser.

No existe mal ni bien absoluto, son complementos del cambio, no se debe juzgar lo uno sin mirar en donde está implícito lo otro, una perdida es una ganancia y una ganancia una perdida, lo malo termina siendo bueno y viceversa, depende de la óptica con que se vea cada suceso, si el mal existiera no existiría el bien, o si el bien existe no existiría el mal, el uno no existe sin el otro. Me culpan del mal, pero no del bien que trae el mal.

Es lógico. Pensé. No existe ni un mal ni un bien como tal, al final lo uno es esencia de lo otro, si existiera uno de los dos como absoluto, lo otro no existiría. ¿Si todo fuera bueno, en donde quedaría la maldad Y si todo fuera malo, en donde quedaría la bondad?

—Cómo saber que existe algo bueno para todos y no para unos pocos, o en su diferencia algo malo para unos y bueno para otros, lo dicho: Para quienes ganan es bueno, para quienes pierden es malo.

Para quien tiene mal en su corazón hablará del mal y para quien posee bondad promulgará bondad. ¿Se considera poseído por mí al asesino desalmado que destruye la vida? Y alguien pregunta: ¿Qué llevó al asesino a destruir? Cuándo al hombre le roban su fe, su sustento en promesas de mentiras ¿No nace en él, el deseo de la venganza? Y según Dios dice: Porque la venganza es mía. ¿Entonces, qué culpa, tengo?

Quién elimina una vida ¿No es acaso destruido en su ley? La muerte es en el fondo el inicio de una nueva vida. Quizá la mayoría condene un acto en contra de la vida, pero muchos actos han sido el cambio de culturas y sociedades. Como justificación hablan de mí, si yo no existiera, los credos quedarían sin razón de ser. Para que te enteres la base de las religiones no es promulgar el amor sino supuestamente combatirme, dicen que soy el mal.

Si no fuera por mí, en las iglesias no se pagaría diezmos ni limosnas. Piensa por un momento: Si se supiera que el Demonio no es la maldad ¿A qué o a quién se apelaría para obtener seguidores en las sectas? Nunca imaginarás cuánto dinero se invierte en combatirme, el dinero que dejan en las urnas, el denario para liberarse de mí en oraciones y exorcismos, pero con esto sólo pagan porque los limiten y subyuguen.

Una vez más, quede atónito, los conceptos tradicionales del mal no encajan cuando se ventilan las alternativas que trae consigo. No hay mal que por bien no venga, o aquella frase: "El éxito es la suma de pequeños fracasos", entendí que los malos en realidad somos todos y los buenos también somos todos, no hay forma de sopesar y juzgar los actos o las causas que llevan al espíritu a determinados eventos que son considerados malos.

—¿Quién es poseedor de un concepto o una verdad absoluta? Es en el interior del corazón, donde se encienden las hogueras del bien o del mal depende de quién juzgue y como juzgue. Cuentan las escrituras que Dios destruyó el mundo, que sus seguidores hacen otro tanto. Durante las cruzadas y la inquisición mataron a miles. Eso tiene justificaciones para quienes promulgan que la lucha es en contra del Demonio.

Te hablan del mal en cuanto se vive causando el mal, te hablan de castigo si piensas en liberarte, te nublan la mente con el temor, el mal es el bien disfrazado de mentira.

—*Pensé que eras el creador del mal, de la desgracia de los posesos, el culpable de toda la infelicidad humana, al menos así lo dicen los libros y así lo han proclamado los sacerdotes y religiones desde la antigüedad.*

–Para empezar... No creas todo lo que dicen, ni creas en lo que digo. He sido condenado sin la oportunidad de defenderme, no esgrimí la espada salvaje para imponer mi ley, no encendí las hogueras para quemar a las mujeres, no invoqué los Salmos para justificar la muerte de los ignorantes, ¡No fui yo! Quien desde el cielo arrojó fuego y sangre para destruir la Tierra.

Han inventado tantas cosas en contra mía porque hablo de la libertad, los representantes de Dios crean historias donde me presentan como el monstruo malévolo con poderes sobrenaturales de destrucción, y los ignorantes creen en esas mentiras considerando que una película del Demonio es real.

¿De qué me acusan los hombres que no tenga respuesta en los intereses de los hombres? Venden un cielo sin conocer la dulzura del infierno, llaman pecado al sentimiento de amar y cobran diezmos en vender la fe que ni siquiera tienen.

Me juzgan para limpiar sus obscuras inclinaciones. ¿No será que en su pensar y su sentir se despierta el deseo que se esconde en su interior y por eso tratan de aplacarlo culpando en los demás sus pensamientos más oscuros? Es tarde para cambiar, pero la esencia sigue viva en el interior de su ser, como no son espiritualmente libres, condenan la libertad de otros.

¿Por qué me culpan de los actos de los hombres? Quienes han visitado mi infierno, jamás desean salir. ¿Sabes por qué? Al entrar en él: nadie te juzga.

Ni te condena, ni te exige dádivas de sacrificio, ni te cobra por cantar réquiems por tu alma, ni suplica por tu salvación, ni te cobra diezmos para que seas feliz. Mi infierno es el cielo de los inconformes.

En mi infierno no hay santos ni santas, ni profetas, ni Mesías, no hay pregoneros de fe que vendan estampas, no hay vírgenes ni Diosas. Sólo hay libertad, cada cual vive lo que desea vivir, no hay límites, ni templos, no hay pecados ni pecadores.

Quien lucha y se rebela contra la sumisión y la esclavitud mental, es considerado pecador, los justos son los anodinos que aceptan la miseria mental impuesta por otros.

Al oírlo hablar mi mente entró en estado de shock, las preguntas llegaron como la lluvia: si el Demonio es tan perverso y temido, ¿Por qué no destruyó el mundo teniendo el poder? En verdad nunca ha existido ningún suceso, nada concreto, sólo comentarios cuentos y leyendas de un ser malévolo. ¿Hemos sido engañados?

La carcajada terrorífica sonó en el vacío de la tarde, él no se reía, se mantenía de pie, la lluvia caía y la luz lánguida de la vela continuaba siendo de un azul intenso.

—*¿Por qué te ríes?*

—No río ¿Engaño?...

Acercándose a la silla del escritorio, se acomodó la capa, encendió un cigarrillo y con el humo formó genios que se desvanecieron en el aire.

–¿Quién engaña a quién? ¿Qué es el engaño? Una verdad que se ignora, que no quieres escuchar, pero en el fondo de tu ser deseas oír.

Nadie engaña a nadie y nadie traiciona a nadie.

Si dejas de ser, permitiendo que otro piense por ti, si crees y confías, algún día te darás cuenta de que aquello que suponías como verdad era una mentira y te sientes engañado, **la culpa es tuya por creer.**

Si piensas y eres libre, te liberarás de los credos y del engaño. Quienes imponen esos credos pensarán que con tus actos de libertad cometes pecado porque no aceptas el engaño como baluarte de la vida, ya no crees en sus preceptos y dirán: "Tiene el Demonio en su interior".

–*¿Por qué?*

–Por ser libre, y bajo tu libertad, si aceptas la mentira como verdad, vivirás engañado en la mentira y si aceptas una verdad como verdad, vivirás engañado en la verdad. No existe una verdad ni mentira absoluta y nadie es poseedor de ella. Eres libre de creer o no. De hecho, sólo existe la verdad o la mentira que tú creas.

Aceptar la verdad de otros y descubrir que es mentira, no es fácil. Sentirás que se derrumba tu creencia y tu ego se lastima. ¡Te has engañado!

Quienes promulgan el poder te someterán a vivir:

Sin que tengas derecho a pensar, sin que tengas derecho a suponer, vendarán los ojos de tu alma y ciego vivirás para creer por siempre; no en lo que tus ojos vean, ni en lo que tus oídos oigan, sino en lo que otros te cuenten y cuando descubras el engaño, te dirán: **"El Demonio de la perdición entró en tu corazón"**.

Te impondrán la lucha contra la tentación para que sigas creyendo. Por los tiempos existirá el engaño.

Me quedé pensativo, quería conocer otro concepto, la otra cara de Dios; recordé al viejo maestro zapatero cuando me decía: "En cada historia hay dos versiones, lo que dice el zapato izquierdo y lo que dice el derecho".

Pensé en el Demonio, en el otro Demonio, aquel que aparece en las noches, el monstruo cruel que arroja azufre y fuego, el espíritu inmundo que posee a los débiles, el ser malévolo que propicia el mal, ese Demonio que los credos han infundido con temor, limitando al pensamiento e imponiendo preceptos dogmáticos de sumisión mental y física.

Pensé en tantos seres que han anulado su existencia en creencias de mentiras.

Quien sino el Demonio me hablaría del Infierno...

En dónde han quedado las páginas de tantos libros, las palabras de tantos predicadores que toman el mal para obtener beneficio del que cree que el mal es el Demonio, vulnerando el alma de los "justos". ¡Qué estupidez! Creer en lo increíble.

...Absorto miraba los relámpagos, mientras caminaba por la estancia dijo:

—La tarde más maravillosa de las tardes, el cielo que baña la tierra en el cambio constante de la existencia, el baño que ahora vives en tu interior es el verdadero bautismo: **la libertad del espíritu y no la condena del pensamiento.**

Cuantos que hablan de mí, no actúan como les gustaría que fuera yo, pregonan la maldad sin ver que ellos son los perversos que esconden la destrucción, la envidia y el dolor, robando a otros el sustento al decirles que si pagan dádivas y diezmos el Demonio estará apartado de ellos...

Pero nadie se detiene a pensar en la realidad del Demonio, juzgando en cuanto su mal domina sus pensamientos, transforman a su acomodo cada suceso escondiéndose en una falsa creencia de mentiras y embustes; del mal del corazón, así habla la boca, me juzgan y me temen, pero son incapaces de enfrentarme, si alguien cura con la magia, es brujo, si alguien necesita una transfusión debe morirse porque su credo no le permite usar sangre ajena para salvar la vida, entonces para el uno es un maleficio y para el otro es una bendición.

Si un hombre mira hacia el cielo y ve las estrellas, es blasfemo, si otro mira el cielo y cae de rodillas arrastrándose es un profeta, maestro, o enviado de Dios. Si uno es rico y trabajador tiene pactos conmigo... Si otro es pobre, resignado y miserable, ese ganará el cielo sentándose a la diestra de Dios.

Si una mujer se divorcia y lucha por su independencia buscando el progreso, viviendo y amando la vida es una adúltera, si otra se resigna siendo esclava del tiempo y del esposo que la maltrata, es una santa.

Si una se dedica al rosario y pasa el día rezando sin hacer nada por ella o por los demás, será beatificada por los hombres. Si otra, abandonada, lucha por su prole y progresa, será quemada por hechicera o condenada y despreciada por lujuriosa.

—¡Morirás! —Dijo mirándome—, sentí un colapso en mi mente, la imaginación produjo un torrente de adrenalina, imaginé la transformación terrible acompañada de la aparición de un monstruo de mil cabezas; miré hacia la puerta para huir, esa primera e instintiva reacción animal, el correr ante lo desconocido, creo que palidecí porque dijo: Morirás.

—Tomó la cajetilla de cigarrillos haciéndola flotar cual ataúd. —Con esto, adelantarás tu muerte—.

—Lo miré, no sé si con rabia, temor, o risa, —*es cierto, de algo un día moriré.*

La tormenta arreció, retumbaron los truenos. El cielo se rompió en pequeños cristales, el granizo sacudía los tejados cercanos. La luz de la vela creció como si se abriera la puerta del averno, los relámpagos y la luz se unieron en ese instante... Frente a mí, el suceso más increíble que alguien pueda imaginar.

En el centro de la habitación el Demonio se transfiguró levitando con los brazos extendidos a los lados...

Pensé: Genial volar de esa manera.

...Un viento gélido entró no sé por dónde... La vela chispeó y allí, en mi silla, apareció sentado.

—*¿Cómo logras estar en dos lugares? ¿Cómo lo haces?*
—No soy yo, es mi hermano.

—Le miré asombrado. Idénticos como dos gotas de agua, vestidos elegantemente de negro.

—*¿Quién eres?*

—Pregunté con temor, el pánico se apoderó de mí...

—La paz sea contigo, este encuentro no estaría completo sin mi presencia.

Fuego he venido a echar a la tierra y que quiero si ya se ha encendido. ¿Pensáis que he venido para dar paz? Os digo: No, sino disensión. Porque de aquí en adelante, cinco en una familia estarán divididos tres contra dos y dos contra tres. Estará dividido el hijo contra el padre y el padre contra el hijo, la madre contra la hija y la hija contra la madre, todos estarán en conflicto por mi causa, al fin la verdad os hará libres más otros os querrán someter.

Dijo una voz serena y profunda, un aroma a incienso inundó la pequeña oficina.

—¡Hola, hermano mío!

Con una venia se encontraron las miradas, estaba confundido, sacudí la cabeza pensando en que esto no era más que un sueño, pero no lo era.

Al fin: **El Demonio, Dios y yo.**

Levanté las manos en señal de confusión:
–*¿Eres Dios...?*

–**Soy lo que creas que soy** –respondió–.

–*Entiendo, así que Dios y el Demonio sólo están en mi mente.*

–**Así es.** –Respondieron al tiempo–.

Asombrado, haciendo acopio de una calma inexistente, quise aprovechar al máximo el extraño encuentro. Sin mediar presentaciones ni protocolos, me sumergí en las preguntas que, en ese momento, como negros murciélagos, revoloteaban en mi pensamiento:

–*Si eres Dios o el Hijo de Dios: ¿Por qué permites el mal?...*

–Hablábamos precisamente de eso antes de tu mágica interrupción. –Dijo el Demonio–.

–**El mal o el bien... La lucha constante del ser. En el reino del cielo vale más un pecador arrepentido que mil justos juntos, y no existe pecador que no sea**

considerado malo por vosotros. El mal o el bien sólo está en vuestro corazón.

—*Pero... Acaso tú no condenas el mal y atacas al Demonio, ¿Considerándolo la perdición de las almas?*

—**¿Yo? ¡No! Soy incapaz de eso; de hecho, no atacaría a mi entrañable hermano, sería atacarme, ¿Se te olvida? "Amaos los unos a los otros, Yo soy el amor"**

—*Pero expulsaste Demonios, y fuiste tentado... Eso dicen...* —Hubo un **Humm** extraño.

—**No he retado al Demonio ni él a mí, de hecho, entre los dos hay un pacto de respeto y libertad, un ser no llega lejos si no es por su Demonio interior que lo incita a progresar... ¿Recuerdas la historia de los denarios? El que tuvo más se sintió tentado a tener más, mientras el que no tuvo no sintió la tentación de tener, por eso, al que tiene más se le dará más y al que no tiene se le quitará hasta lo poco que posea.**

—A propósito de eso, —Interrumpió el Demonio mientras fumaba–, dicen que eso es injusto, que es causa mía, porque es avaricia, codicia, poder, egoísmo, y quien no tiene nada, de hecho, ha ganado el cielo.

–Al contrario, –Dijo Dios–, *Eso es justicia, sólo que la justicia en cuanto no te favorece es mala y en cuanto es ganancia para ti es buena, el cielo es de los ganadores.*

–Si es así, ¿Por qué dijiste: "Es más fácil que un camello pase por el ojo de una aguja que un rico entre en el reino"? ¿No es contradictorio? Si el que ganó más denarios se vuelve rico según tus palabras, ¿Entonces por ser rico pierde el cielo?

Sonó una carcajada... Tan fuerte que silenció la tormenta.

–¿No crees que es lógico? Quien lucha y alcanza sus ideales se libera, pasar por el ojo de una aguja es difícil, pero es más difícil que quien gana cinco denarios teniendo uno caiga en la miseria, ya por eso tendrá más. El ojo de la aguja es similar a aquel que pasa por la vida sin hacer nada ni por sí ni por otros, a ese, se le quitará lo que posea.

Pero, algunos que se hacen llamar mis seguidores, pregonan desde el altar que así llegarán al cielo. ¡Qué mentira! En el reino vale más un pecador que

lucha por la vida y que multiplica denarios, que mil justos juntos arrodillados en el atrio de los templos implorando un milagro sin hacer nada por ellos ni por los demás.

Por eso os digo: "Tened cuidado de quienes se hacen llamar mis seguidores, no hagáis conforme a sus obras, porque dicen, y no hacen. Porque atan cargas pesadas y difíciles de llevar, y las ponen sobre los hombros de los hombres; pero ellos ni con un dedo quieren moverlas. ¡Guías ciegos, que coláis el mosquito y tragáis el camello! Os mostráis justos a los hombres, pero estáis llenos de hipocresía e iniquidad, sois semejantes a sepulcros blanqueados".

Los hombres que profesan cosas de Dios tergiversan las historias para que en limosnas y diezmos entregues el fruto de tu trabajo.

—Dijo el Demonio —Los hombres ricos tienen su cielo en la tierra y gozan del infierno del placer por eso no van al cielo... Ya pasaron por él. Llega la hora de la justa recompensa: el disfrute en el infierno que prohíben.

¿Acaso quien ganó más denarios no vive en la felicidad, y quien no ganó no vive en la miseria?

Quienes gritan en contra de mi infierno prohíben gozar, disfrutar de la vida,
Sí bailas es pecado
Sí usas ropa ligera es vanidad,
Si eres feliz eres un pecador,
Sí comes, si haces el amor, si ríes, en fin, si vives estás condenado.

Al final no importa, ama así sea la mujer del prójimo, come, bebe y disfruta la vida, así condenen que eso es pecado.

—¿Me descifran algo? ¿Cuál es la diferencia real entre cielo e infierno?

—Se cruzaron las miradas y el Demonio dijo, —Te concedo la palabra–.

—El cielo es la fuerza interior que vive en cada ser, es el reto, la voluntad, la lucha, la renuncia al conformismo, es la oveja perdida o la joya oculta que vale más que cien juntas, es la oportunidad de ser.

Es la acción y el coraje en el despertar de la vida, la fuente inagotable del progreso, en la auto exigencia, en la voluntad. Son las alternativas llenas de Ángeles y Serafines que cuidan tu andar cuando te propones metas y objetivos, es liberar la fuerza del Todo que se encuentra en tu interior.

El cielo es la sabiduría, pero ten cuidado de quienes proclaman a viva voz que el principio de la sabiduría es el temor a Dios.

–¿Y el infierno?

–Miró al Demonio y dijo –**Es tu infierno**–.

–Es el complemento del cielo, el néctar de lo prohibido, la satisfacción de sentir, el goce de la lucha, el amor, la lujuria de un encuentro, el deseo de una pasión es despertar en el interior el fuego dormido, es la tentación de ser.

El infierno se condena por los soberbios que pregonan el pecado, porque en él se encuentra la fe de seguir, es el premio del esfuerzo, en mi infierno encuentras el refugio de la vida en contra del dolor. Por eso se le condena como algo perverso porque

**quien entra en mi infierno descubre su corazón, se
da cuenta que está vivo... Que tiene derecho a ser
feliz...**

—*A ver si entiendo...* —Intenté colocar en orden mis
pensamientos, reflexionando en lo anterior concluí:
El cielo es la fuerza del vivir, el reto, la búsqueda de
alternativas, la mejora de la vida, la auto exigencia,
la confianza, la conquista de las metas, el agua viva
de existir. Es liberar del pensamiento las alternativas
y oportunidades. La inspiración para el progreso y la
grandeza.

El infierno es la miel de la existencia, son los placeres
en que se refugia el espíritu, es el amor libre, el deseo,
la tentación de ser, es el infierno la libertad, tener lo
que se desea, amar, poseer, olvidar.

En el cielo y en el infierno no hay confines, el uno es
complemento del otro no existe Demonio sin Dios ni
Dios sin Demonio.

Se condena al infierno y al Demonio por quienes se
hacen llamar los enviados de Dios, de esa manera, con
temor y terror nadie entra al infierno y así es más fácil
mantenerlos en la ignorancia, por eso se le atribuye

al infierno sufrimiento y dolor, cadenas y torturas, Demonios y violencia, la maldad...

Pero eso precisamente es lo que vive el común y por eso colman los templos pidiendo hincados un milagro para liberarse de lo mismo que los jerarcas dicen que es el infierno: Dolor, tragedia, violencia, tristeza, pobreza, las torturas impuestas por otros, ese infierno de suplicios lo viven diariamente; quienes no se liberan de los credos.

Todo eso inventan para evitar que se vea la dulzura de sus llamas que acarician las almas en lugar de condenarlas, eso quiere decir que se construye en el cielo para ganar el infierno...

–Pensando en ello pregunté:

–¿Y... El infierno de tormento, el limbo, el purgatorio en que las almas sucumben a los suplicios del indescriptible dolor, donde las figuras fantasmales como espectros de la noche atrapan desgarrando por la eternidad al espíritu de quienes llegan a esos lugares?

Como actores de una extraña película, realizando gestos y ademanes idénticos como si fueran uno reflejado en un espejo, en una perfecta sincronía dijeron:

—¿No son acaso los monstruos de la noche los pensamientos del dolor, no calcina el alma el engaño y la traición, no destruye la ilusión el temor ante lo desconocido? No hay peor limbo que aquel que nace en la mente de los débiles que temen ser y creer en sí mismos, no existe peor purgatorio que la duda, la negligencia, el complejo de culpa impuesto por otros cuando se condena cualquier acto como pecado, esos lugares llamados templos hechos por los hombres; es donde se predica dolor, sufrimiento y pecado. Son el limbo y el purgatorio y no están lejos de las casas y sus moradores.

¿Cómo creerás en Dios o en el Demonio si primero no crees en ti? Muchos inventan un lugar que no existe para que seas ignorante y sumiso, para que no pienses, no vivas, no hagas, sólo entregues tu sustento para que otros vivan ¿Acaso alguien tendría que pagar por el cielo?

—Dios, ¿Tú fumas...? —Sí, y tomo chicha en las rocas... Y bailo salsa ¿Acaso no tengo derecho a un infierno?

—*¿Entonces el mal de quienes matan y destruyen, de quienes someten a otros en dónde queda? ¿No hay castigo para quien causa dolor?*

—No hay peor castigo que no tener infierno ¿No crees? —Dijo el Demonio—; quien en su libertad destruye, quien causa daño a otro no es poseedor de mi infierno... Jamás tendrá dicha ni felicidad, su alma estará empañada por el recuerdo constante de sus actos.

Con la vara que mides serás medido repuso Dios: quien en su libertad actúa sometiendo, engañando, destruyendo, no tendrá cielo... Vivirá sin oportunidades condenado a destruir por siempre. Ten presente y ten cuidado del juicio de los hombres, recuerda: Lo que para uno es bueno, para otro es malo. ¿Quién puede juzgar?...

—*¿Y los premios que anuncian para los que ganen el cielo? Cómo la vida eterna, los tesoros, un buen puesto a la diestra del Padre, un arpa. ¿En dónde quedan? ¿Habrá ángeles mujeres, en bikini?*

—Respondieron al tiempo: —**Cuentos, solo cuentos. Esa es una promoción para mayores ventas**—.

—¿Cuántos visitan templos de piedra, cuántos añoran un milagro y pagan por que así sea? Más no miran en su corazón en donde yace el poder para realizar milagros. Jamás sané cuerpos sino almas enseñando el camino de la libertad.

Hice ver a los ciegos mentales, andar a paralíticos que consideraban cerrados los caminos, enseñé la libertad y el Demonio de mi interior sonrió, en ese momento, nos dividimos. Sólo él, —señalándolo— *estuvo junto a mí.*

—Interrumpió el Demonio —Te dije que pensaras en Ti, si mostrabas la verdad, nadie te lo agradecería ¿Te acuerdas de los nueve leprosos? ¿Qué pasó con tus apóstoles? Una cantidad de cobardes que se aprovecharon de tu presencia para crear el mejor negocio. En el último instante, ¿Cuántos de los que comieron de tu mano te apoyaron? Ninguno, sólo yo estuve contigo, te di la fuerza para que resistieras y por si se te olvida, fui yo quien te levantó del mundo cuando el mundo te despreció. Y para concluir, gracias a mí existen Dioses y ministerios, ¡Lástima que no me pagan!

El mal está en los corazones de quienes recurren a ti para ser sanados, o les des dinero y les realices un truco de magia. Está en aquellos que se aprovechan de la ignorancia y te venden todos los días con el cuento que, por ser tus representantes, por la "limpieza de espíritu" que poseen, y sólo a través de su mediación, y por una parte del sueldo mensual, tú les concederás el milagrito...

Retumbó en la lejanía una vez más la risa, el Demonio continuó.

—En lugar de hacer el ridículo en demostraciones teatrales les hubieses enseñado a sanarse, haciendo sus milagros, así no habría negocio, pero...

—*Pero nada...* —Interrumpió Dios— *Enseñé a descubrir el poder del interior, no he sanado a nadie. Recuerda mis palabras: "¿Tenéis fe? Tu fe te ha sanado.*

—Pregunté —*Si es así ¿Para qué resucitaste a Lázaro? Impidiendo que su espíritu navegara en la otra vida. ¿Qué te hizo suponer que era lo mejor, y no estarías con ese acto limitando la libertad? ¿O sería que querías*

llamar la atención de sus hermanas, y porqué sólo a
Lázaro y no a los demás?

–El Demonio se rió. –Es mentira –dijo–, Él jamás
resucitó a nadie, eso que expones es un mal invento de
los hombres, para someter a los hombres atribuyéndole
a Dios poderes que no tiene, no se detiene la vida y
menos la muerte, las dos se abren paso aún por encima
de Dios.

Y en cuanto a Lázaro es una historia infundada. Se la
atribuyen a Él. En el peor sofisma de la literatura.

"Padre, gracias te doy por haberme oído. Yo sabía que
siempre me oyes; pero lo dije por causa de la multitud
que está alrededor, para que crean que me has enviado.

Y habiendo dicho esto, clamó a gran voz ¡Lázaro, ven
fuera!

Y el que había muerto salió, atadas las manos y los pies
con vendas, y el rostro envuelto en un sudario".

¿Ves la sarta de mentiras? ¿Cómo salió Lázaro?
Sería volando. Y las palabras: "Lo dije por causa de
la multitud que está alrededor, para que crean que

me has enviado". Así que no eras el enviado de Dios, necesitabas de los dramas para que te creyeran, el común cree más en los trucos que en la sabiduría, todo eso es puro cuento, lo que no detallan es lo que les hizo a Marta y María... y lo que vio María bajo la túnica cuando enjugaba tus pies...

—Lo miró interrogante y con algo de picardía. —Dios dijo —**Mi intimidad no se debe hacer pública. En cuanto a la historia de Lázaro, de cierto os digo que ninguno de los que escribieron la historia dicen la verdad, han sido inventos del hombre para que crean a fuerza.**

Creyendo más en historias irreales de tradición, que en su justo ver, por eso os digo: He venido a encender una luz y no a luchar en contra de la oscuridad. ¿Cómo creéis en lo escrito y lo aceptáis? Se corrompe el oído con mentiras, os engañan en palabras sórdidas y no veis la realidad en el corazón de quienes os hablan. Sólo creéis ciegamente.

No hubo tal resurrección, ni la de Lázaro ni la mía, puesto que no puedo morir. Estoy vivo en cada ser, y así será por la eternidad.

Debéis ver lo que se esconde, y no creáis lo que os cuentan, si no miréis con cuidado en la oscuridad, no sea que andando el tiempo os deis cuenta de que habéis sido engañados perdiendo vuestro espíritu.

Habéis oído que él es el Demonio de la maldad, más os digo: Lo que contamina al hombre es lo que sale del hombre, es de dentro del corazón de los hombres que salen los pensamientos, los adulterios, las fornicaciones, los homicidios, los hurtos, las avaricias, las maldades y el engaño, la envidia, la maledicencia, la soberbia, la insensatez. Todas esas maldades de dentro salen y contaminan al hombre. Entonces no es el Demonio quien causa el mal.

Para juicio he venido a esta cita, para que los que no ven... Vean y los que creen ver, sean cegados. Y respecto a Marta y María solo os puedo decir que... Ellas...

—Se sonrojó, cerró los ojos evocando algún erótico recuerdo y suspiró.

—*...En aras de la libertad, cada ser lleva su cielo y su infierno, a la luz o la oscuridad.*

La tormenta continuó, los relámpagos centellaban por momentos, mientras la vela agonizando irradiaba su luz lánguida reflejando en la pared las sombras, el ulular de las sirenas se perdía en la noche.

Otra luz, otra tormenta se encendió en mi mente, nunca había visto al Demonio, ni a Dios de esa manera. Sólo los comentarios de lo temeroso, lo trágico, un Dios castigador, terrible, semejante al Demonio que pregonan los hombres. Si haces, Dios te castigará, si piensas o imaginas, estarás pecando, Dios te ve y te juzga y te condenará al fuego eterno. No pienses, no hables, no digas, no hagas, porque Dios es un Dios de venganza. "Tienes derecho tan sólo a una vida de sometimiento en alabanza y entrega total a Dios... Eso dicen" ...

Comprendía porque tantas injurias y amenazas para someter al hombre creando el temor a un Dios de castigo. ¿Quién osaría enfrentar a ese Dios?

Venden a un ser poderoso que domina la vida y la muerte, que camina sobre el agua como si esa serie de trucos fueran suficientes para despertar el conocimiento interior, si hubiesen sido ciertos pues igual se le podrían atribuir al Demonio creado por los hombres. De hecho, vuela como murciélago, camina sobre el aire, aparece y desaparece en las noches, sana a los enfermos que entregan su alma y no es Dios.

No es sinónimo de evolución espiritual, que un ser soberbio demuestre sus supuestos poderes maldiciendo higos, caminando sobre el agua, o multiplicando peces y panes...

¿Qué tienen que ver esas demostraciones con el desarrollo espiritual? Si así fuere, cualquier ilusionista ejecuta mejores trucos y no es Dios. ¿Para qué el invento de historias?

—Dijo el Demonio —¿Por qué se inquieta tu espíritu? ¿Qué es peor? ¿Que la gente crea por una ilusión? O que quienes se hacen llamar representantes de Dios en la tierra busquen hombres hermosos para ingresar a sus templos sin importarles como sea su espíritu, sólo que sean lindos ¿Para qué? Humm...

Recuerda esta leyenda del Levítico:

"Y Jehová habló a Moisés diciendo: Habla a Aarón y dile: Ninguno de tus descendientes por sus generaciones, que tenga algún defecto, se acercará para ofrecer pan de su Dios.

Porque ningún varón en el cual haya defecto se acercará; varón ciego, o cojo, o mutilado, o sobrado, o varón que tenga quebradura de pie o rotura de mano, o jorobado o enano, o que tenga nube en el ojo o que tenga sarna, o empeine, o testículo magullado.

Ningún varón de la descendencia de Aarón en el cual haya defecto se acercará para ofrecer ofrendas a Jehová..."

Ahora piden examen de HIV, a diferencia, en mi infierno todos son aceptados, feos o bellos, monstruos o no. ¿Ves? Ese Dios no aceptaba a los feos, y no fue capaz de sanarlos si se supone era Dios, por eso es por lo que todos los representantes de Dios en la tierra andan por caminos equivocados, no les importa la evolución espiritual ni la sabiduría. ¿Qué se esconderá dentro de las paredes de los templos? ¿Será que también les gustan los niños?

En cuanto a los actos mágicos de mi hermano, son para convencer que Él tiene poderes, igual los tengo yo, levito, sano, sé los secretos de cualquiera, camino sobre el mar, es más, hago algo que él no hace: transformarme en mil formas y volar como las aves, Él necesita de los ángeles que lo lleven, entonces la pregunta: ¿Lo mío es malo y lo de él es bueno? La verdad, no importa los trucos. Lo valioso es la sabiduría movida por el amor.

Si una mujer en la noche de plenilunio cura una enfermedad con plantas... Es llamada bruja.

Si un hombre que pertenece a algún credo o secta sana una enfermedad con las manos es llamado profeta o Mesías... ¿Cuál es la diferencia de lo uno o lo otro si al final se curó la enfermedad?

–...*Existen prohibiciones impuestas, se habla de pecados y deseos que son contrarios a la voluntad divina. ¿Qué opinas de las cadenas que imponen o de los mandatos*

que limitan?... –Me cortó tajante como un trueno que retumbó en la noche de ese fin de año–.

–No impongo nada, en mi infierno no hay yugos ni cadenas, no hay lastres que coarten el pensamiento, solo hay libertad.

–Entonces La lujuria, y la frase aquella que dice: ¿No desearás la mujer del prójimo?

–¿La mujer de quién? Dijo.

¿Eso quiere decir que las mujeres tienen dueño? ¿En dónde se les dice a las mujeres que no desearán el hombre de otra mujer, y acaso alguien es dueño de alguien? No obstante, te parezca extraño; deséalas a todas, y las mujeres deseen a todos los hombres o en su diferencia que se deseen mutuamente porque son libres. Quién impone los yugos y las restricciones ¿el Demonio o los hombres?

¿Acaso una mujer que ya no ama a su hombre no puede amar a otro? ¿Y acaso un hombre que ya no ama a su mujer no puede amar a otra? Sería entonces preferible que la mujer sucumba y se destruya, se someta al desamor, se niegue la posibilidad de amar y ser amada resignándose porque así lo dicen los dogmas. Entonces cuando se muera sin haber vivido siendo una esclava, la llamarán santa...

O que el hombre que ya no ama encuentre a otra, su compañera debe someterse aceptando porque según las leyes el hombre es más hombre cuantas más mujeres tenga... ¡Pobres mujeres!

Desde las profundidades del cielo sonó una vez más la risa en una carcajada terrorífica...

—La ventaja de mi infierno es: amaos los unos a los otros, —lo miró diciéndole —*Es tu frase predilecta*—.

—Si ya no amas, no hay lazos, quedas libre de amar a alguien más y no someterás a nadie.

Nadie es dueño de nada ni de nadie, el tiempo de la vida está construido de perpetuos instantes: Hoy tienes, mañana no, el matrimonio o la unión no es sinónimo de amor eterno, solo los amantes aman para siempre.

¿No crees que es triste para la mujer que el hombre ya no la admire? ¿Y cuando el hombre la admira no lo hace con lujuria pasión y deseo? ¿En dónde está lo malo?

Quienes promulgan en contra de la lujuria; anidan en su alma sentimientos impublicables, esconden otra clase de deseos. Nadie es propiedad de nadie, así que cada cual puede ver, compartir, tomar, disfrutar, amar en la intensidad de su pasión.

No hay mujer de un solo hombre, ni hay hombre de una sola mujer. Cada ser se enamora y se desenamora, en mi infierno cada ser ama, solo eso: ¡ama! Sin imponer nada, sin esperar nada, sin negociar nada.

¿Cuántos estarán dispuestos a darle libertad al amor... Cuántos y cuántas liberan de ataduras a quienes aman? Muy pocos, pero a hurtadillas contemplan a su alrededor, buscando un oasis a su sentir. La lujuria es el néctar prohibido que atrae el amor silencioso para estimular el alma.

¿Has visto alguna vez a la prostituta en el amanecer, cuando silenciosa frente al espejo descubre su desnudez, borrando del rostro el carmín? ¿Quién la condenará?... Sólo aquellos que la han usado. Quien la condena es aquel que no ve lo que esconde su alma, no es un cuerpo que se negocia por unos centavos, es el espíritu que se escapa de su dolor.

¿Quién juzga a la mujer o al hombre que, escondidos, descubren un instante de placer?

—Y dijo Dios:

—*Son leyendas creadas por el hombre para imponerle yugos a la libertad, por eso os he dicho: No sea el hombre superior a la mujer, ni la mujer al hombre. Es la mujer baluarte del hombre, es su presencia la fuerza y estímulo para alcanzar las metas y es su cuerpo el infierno donde el placer adormece los sentidos, descubriéndose la paz y el regocijo del alma. Una ungió mis pies, otra cubrió mi cuerpo con sus besos y otra dignificó mi presencia.*

—El Demonio interrumpió —¿Al fin nos cuentas la experiencia erótica con Marta y María?—

—Dios lo miró y sonrió, continuó diciendo:

—*La lujuria es el deseo de lo bello, no he dicho palabra alguna en su contra, la lujuria es la última frontera entre el cuerpo y el alma. Más no es*

84

solamente el hombre quien siente, es la mujer que discreta mira sin ver, deseosa en silencio de amar y ser amada.

De verdad os digo: pregoneros de fe, que repudiáis a la mujer. Recordad quien iba a ser apedreada por sus amantes, "El que esté libre de pecado arroje la primera piedra", nadie lanzó el golpe fatal.

Pero ¡Eunucos hipócritas! Juzgan y condenan aquello que no pueden hacer y aunque pudiesen, no tienen con qué.

Creéis en doctrinas de mentiras impuestas desde los altares, pero olvidáis que no hay leyes para destruir, hay leyes que dignifican el espíritu; de cierto os digo que quien repudia a una mujer repudia su existencia.

La lujuria es condenada por quienes la ocultan ¿Cuál es el límite del deseo? Los seres libres miran en la oscuridad el despertar de un amor, si bien, prohibido, aparece en las alboradas para regocijo del alma.

Me estremecí al oír aquellas palabras, la tormenta aumentó su intensidad, las gotas golpeaban la ventana con un canto mágico bañando este encuentro.

Pensé en las mujeres, madres que son despreciadas, o la mujer amante condenada como adúltera, o la mujer libre condenada como bruja. ¡Cuántas equivocaciones! Comprendí en donde está Dios. Y por qué se oculta de los hombres.

¿Quién en este o en cualquier mundo, podría decir? ¿Cuál es la línea entre la lujuria y el celibato? Si el placer del alma es néctar de los Dioses transportando al infierno del éxtasis mágico del amor.

¿Quién no tiene en su anhelo un deseo prohibido que se escapa en las noches cuando está solo? Para Dios sería una virtud, para el Demonio una ilusión, más para los hombres, sería un pecado.

¿Quién podría juzgarlo y condenarlo?

Se obligó a las mujeres impidiéndoles pensar, se les consideró desde el Génesis como portadoras de la tentación y la maldad.

Recuerdo en los libros sagrados los comentarios equivocados como el que dice: que la mujer procede del varón y no el varón de la mujer, por eso la mujer debe esclavizarse al hombre y se enseñoreará el hombre sobre la mujer.

En este fin de año, creo que el verdadero Dios vive en las mujeres, quizá al acabar con tantos dogmas de pobreza mental se comprenda, al fin, el valor de ellas. —El Demonio, como si leyera mi pensamiento, dijo:

—Los hombres han considerado la libertad como brujería, destruyendo la armonía con la naturaleza. Vi con dolor las llamas que consumían los cuerpos creyendo que con el fuego los libertaban del supuesto mal, buscaron marcas, se inventaron pactos y hasta mi firma trazaron para crear temor y someter a los caprichos de una secta sin sentido.

—Intervino Dios:

—*¡Hipócritas! Me sacrificaron en una cruz de mentiras, para que cada uno acepte con devoción y resignación la suya, así vivirán muertos en el espíritu.*

Inventaron historias con mi nacimiento y mi muerte; no fui crucificado, ni mi Padre es un espíritu y mi madre no fue virgen, sólo fue mujer.

Habéis despreciado a las mujeres desde el comienzo y las culpáis olvidando que procedéis de una. Las llamáis brujas y las mantenéis como esclavas sometidas a vuestros mandatos, arrojándolas a la hoguera del desprecio y el escarnio si no cumplen vuestros preceptos. Abusáis de ellas, más olvidáis que las rameras y las prostitutas os precederán al reino de Dios.

Más... solicitáis de ellas para calmar los placeres de la carne y después, al igual que Amnón, el hijo de David quien luego de violar a su hermana, la desprecia haciendo pública su deshonra.

Se esclarecieron en mi pensamiento un infinito de interrogantes: la contradicción entre los conceptos impuestos y la realidad. La lucha entre el bien y el mal no es una guerra entre Dios y Demonio, sino un conflicto en el corazón, ENTRE LA RAZÓN Y LA FE de los hombres.

Las religiones crean el mal para que triunfe el bien, el mal se instauró como una necesidad, sin él, los templos no producirían dividendos.

Se hizo el silencio, se alejaron los truenos y el ruido incesante de la lluvia se perdió en la lejanía. En alguna parte las notas melodiosas de un laúd mágico sonaban. Contrario a las leyendas, en el ambiente no reinaba un aroma a azufre, sino a una fragancia parecida al sándalo.

No había diferencia en mis visitantes en cuanto a conceptos: uno era el reflejo del otro. Sabía que cada segundo, era importante, así que rompí el silencio: ¿Qué es el pecado? Pregunté:

Siempre se ha clamado sobre la prevención del pecado, la perdición de las almas, la desgracia después de la vida, la muerte. No existe libro que aluda a Dios que no presente al pecado como instrumento de maldad, prohibiendo y juzgando los actos más simples.

Me enseñaron que Dios dejó su testamento en las palabras de los profetas y condenó a la humanidad desde su creación al pecado, deberíamos pagar el precio del error de Adán y Eva. Dios castigó a su creación con el gran diluvio. ¿Por qué se arrepintió de su obra? ¿Por qué se desquitó en los niños mandando matar los primogénitos? Aquel que no creyera seria maldito y muerto y de hecho así ha sido, las religiones han sacrificado en las hogueras a quienes piensan diferente.

El silencio se hizo eterno, el ruido de los coches lejanos se perdió en aquel instante, la pequeña oficina se oscureció como si la luz de la vela también se hubiese ido.

–Es verdad... –Susurró aquella voz que como un rayo cortó el silencio– Cuando el hombre sometió a su hermano, se inventó un Dios, y que mejor que crear representantes de ese Dios, así ellos vivirían en la riqueza y la humanidad viviría con nada, lavaron no vuestros pies sino vuestras mentes al condenaros como pecadores.

Gritan desde el altar: Si queréis ser limpios del pecado aumentad los diezmos, más no debéis de dar a vuestros hermanos, si no llevéis vuestra ofrenda al templo que allí la repartirán entre los pobres, pero si miráis veréis que cada día son más opulentos y los pobres más pobres.

Pregonan la humildad del corazón, pero construyen templos de piedra con cúspides altas como símbolo de su prepotencia y soberbia, hablan desde el púlpito de la pobreza, pero usan joyas, anillos y ropajes lujosos ¿Has visto las custodias y el cáliz de oro con incrustaciones de gemas? ¿Para qué creéis que sirve el oro cuando se habla al corazón? Con ese oro miles de Cristos vivos saciarían el hambre. En eso invierten el dinero de los pobres.

Pregonan el perdón y la confesión, pero someten a la hoguera a quienes no se confiesan. ¡Hipócritas! Han destruido el verdadero templo de Dios que no es hecho de piedra, aún el templo más alto y hermoso construido por los hombres es el estrado del estrado del estrado de los pies del ser más insignificante.

Aceptáis en vuestro corazón el temor impuesto por los hijos de la mentira, aceptáis las amenazas de los libros, y pagáis por vuestra salvación.

¡Insensatos! Quienes dominan al mundo con mentiras y calumnias.

¡Hipócritas! Cómo me duele veros sentados en los altares bebiendo el vino del pacto del amor, como me duele ver que mis palabras de fe las habéis convertido en negocio. ¡Ladrones! Que en la noche contáis lo robado a los pobres.

Juráis que con besar una imagen de yeso y de madera, o que una inútil estampa de un niño o una virgen os llevará al cielo.

Despreciáis a los verdaderos Cristos vivos en los niños de las madres sin compañero, condenáis al verdadero amor y abusáis de los inocentes en orgías impublicables. Repartís el pan y el vino en una eucaristía de burla, pregonáis el amor cuando en vuestro corazón arde el fuego del deseo y de la codicia.

Sois hijos de la mentira, leprosos que contamináis la mente del hombre desde niño, para satisfacer y aumentar vuestro poder.

¡Vosotros! Representantes supuestos de Dios, habéis inventado sacramentos de mentiras para explotar al hombre y habéis levantado al Dios de las riquezas de su sueño.

Habéis inventado un matrimonio para esclavizar a la mujer

Habéis inventado la unción de los enfermos para limpiar vuestra conciencia y aprovechar la donación de quien próximo a la muerte os entregue su heredad.

Habéis inventado un bautismo para obtener diezmos atrapando incautos.

Habéis inventado una comunión para reafirmar la muerte espiritual.

Habéis inventado tantas cosas que vendéis como fe, mientras llenáis las arcas con el trabajo de los pobres, ellos en su ignorancia aún creen que Dios hace milagros.

Ahora comprendéis porque mi Padre se entristece al contemplar como aquellos que se hacen llamar representantes de Dios se rasgan las vestiduras ante el pecado, pero... pasado un tiempo lo cometen aprovechándose de la jerarquía inventada por ellos mismos con una supuesta investidura que se acerca a la "santidad" nadie puede culparlos ni levantar queja en su contra.

De cierto; de cierto os digo que no quedará piedra sobre piedra de los templos hechos por los hombres. La hora de la verdad ha llegado en que vuestro espíritu sea libre de las cadenas de la mentira.

—El Demonio miró a Dios... Quedé expectante:

—El pecador es un ganador. El pecador es el amo del universo.

El pecador es aquel que no conoce confines, se nombra pecadores a los grandes de espíritu, que no marchan como ovejas mansas al matadero, por eso son perseguidos, juzgados y oprimidos.

Si el hombre pensara, sería pecador y en poco tiempo los templos quedarían vacíos, no existen los pecados. La hipotética benevolencia de Dios es recreada en la emulación de un acto: la comunión, en donde el penitente es perdonado y salvado después de pagar tributo. Con la conciencia tranquila sale a seguir pecando en un círculo vicioso de condenas y absoluciones. Y siempre pagando. ¿Será o no un negocio?

...El pecado es la justificación para crear un complejo de culpa en las almas.

¿Puede un hombre que ha vivido encerrado en un seminario, que no tiene experiencia, sin conocer el dolor o la felicidad, condenar los actos de otro hombre?

—Lo miró mientras sus manos lanzaban destellos —En tu nombre dicen: "Ego te absolvo" Tus pecados te han sido perdonados" Eso me parece ridículo y blasfemo... Qué saben ellos de perdonar ¿Acaso pueden? Ni siquiera piensan, consideran todo absolutamente malo.

—Dios repuso —*El que recurre a su conocimiento interior y mantiene en su mente la constancia de su deseo superando la adversidad, ese, sin duda, es un pecador para aquellos que menosprecian al hombre con el concepto que sólo el Dios de los hombres dispone del destino y por eso dicen:*

SI DIOS QUIERE... GRACIAS A DIOS, Y SUCEDE QUE ESE DIOS NO QUIERE NADA.

... En quienes siguen a ese Dios habita el miedo, no afrontan la vida, negándose las posibilidades de existir. ¿Cuántos mueren de miseria por creer que con ese sufrimiento llegarán al cielo?

Se sucumbe y llega la agonía, es cuando se levanta en contra del Demonio, preguntando: ¿Por qué a mí?

A alguien hay que culpar de las equivocaciones. Los templos se llenan de seres vacíos del espíritu que de rodillas se rasgan las vestiduras ante su dolor y prometen dar la mitad de su sustento, o su casa, o sus posesiones, en donaciones si se cumple el milagro que el Dios de los hombres en su infinita bondad se apiade del pobre miserable que ha perdido la fe, concediéndole por piedad el milagro de pagarle las deudas, de sanarle el dolor, de regresarle al ser amado que encontró otro amor.

Cae la mente en la mentira del facilismo y desde el sagrario alguien grita: "Pedid a Dios que Él os dará"

Es cuando en un acto de valentía se empuña un Cristo y en convulsiones epilépticas llora, suplica, se arrepiente de haber dudado del poder de Dios, implora y para completar debe repetir mil veces una plegaria donde con golpes de pecho se considera pecador, donde se culpa y se fustiga pidiendo perdón por sus obras, pensamientos y palabras, suplica al

mundo que interceda ante los hombres y ante Dios todopoderoso por la culpa cometida para que sea perdonado.

¡Hipócritas! Tanto los unos como los otros, en lugar de mendigar compasión, misericordia y milagros de mentiras deberían aumentar su fe. Hombres de poca fe, os digo: "Si tuvierais fe como un grano de mostaza le diríais a la montaña que se arrojara al mar y ella se arrojaría, por eso habéis convertido los templos en moradas de ladrones"

—El Demonio quedó atónito al oír esas palabras y dijo:

—Cálmate. No es para tanto… En fin tú eres el culpable de la duda y la cobardía, en cambio, quienes vienen a mi infierno son los ganadores, aquellos condenados como pecadores viven mil cielos en mi infierno. ¿Y sabes por qué? Porque creen no en el **Demonio ni en Dios, sino en sí mismos.**

—Exclamó Dios:

—*Debéis comprender que el mundo vive en el deseo constante de las riquezas fáciles, que mejor negocio que vender al Cristo al igual que Judas.*

Alejando al hombre del verdadero Dios que habita en su corazón mostrándolo en la lejanía del cielo donde sólo a través de los guías se supone pueden alcanzarlo. Venden un camino de dolor, abstención y sufrimiento para que estén cerca de Él. Vosotros habéis corrompido el alma al pensar que Él mora fuera de vosotros.

–Juntó las manos en oración y mirando al cielo dijo:

–*Bienaventurados los que buscan en su interior a Dios porque ellos obtendrán el cielo.*
Bienaventurados los que rompen las ataduras, porque serán libres.
Bienaventurados los pecadores, porque valen más que mil justos.
Bienaventurados los que no creen, porque verán la faz de Dios.
Bienaventurados los luchadores porque ellos obtendrán la gloria.
Bienaventurados los que no se conforman ni se resignan.
Bienaventurados los que no se arrepienten.
Bienaventurados los que no imploran de rodillas un milagro.
Bienaventurados quienes ven... Y oyen.

De cierto os digo.

*Si el mundo os aborrece, sabed que a mí me ha
aborrecido antes que a vosotros.*
*Si fuerais del mundo, el mundo amaría lo suyo;
pero porque no sois del mundo. Antes yo os elegí del
mundo, por eso el mundo os aborrece.*

*Acordaos de la palabra que yo os he dicho: El siervo
no es mayor que su señor. Si a mí me han perseguido,
también a vosotros os perseguirán; si han guardado
mi palabra también guardarán la vuestra.*

*Si yo no hubiera venido, ni les hubiera hablado, no
tendrían pecado; pero ahora no tienen excusa por
su pecado.*
*El que me aborrece, también a su Dios interior
aborrece.*

–El Demonio aplaudió... Diciendo en burla:

–No te preocupes a mí me han aborrecido desde la
creación, por pregonar que el fruto del árbol es para
encontrar la sabiduría, y quien lo coma no morirá si
no vivirá para siempre... Me juzgan por ser rebelde,
pero sólo disfruto con los ganadores que no se

quejan ni lloran... Son valientes y luchadores, fuertes como tu... O se te olvida la condena por los hombres porque sanaste el día de reposo, o cuando sacaste a los ladrones del templo. O cuando compartiste el pan y te traicionaron o que dices de tu supuesta muerte... Bueno, tuviste momentos agradables como la noche con Martha y María, o cuando estuviste conmigo en el desierto dijiste: que no solo de pan vive el hombre y disfrutaste de las mejores viandas de mi infierno y con razón, el pan es muy poco para saciar el hambre.

–Eres un pecador, el peor de todos –Interrumpió Dios–; *de nada ha servido mostrar el camino de la voluntad, os he dicho si permanecéis en mi palabra seréis mis discípulos; y conoceréis la verdad y la verdad os hará libres.*

–Dudé:

–Hay tanto sufrimiento en el alma de los hombres, que no considero que sea la respuesta del amor de un Dios a su creación, veo que el victimario logra su cometido, mientras que la víctima indefensa es destruida, me pregunto: ¿Con cuál de los dos está Dios? Si juntos se encomendaron a Él.

¿Acaso los guías de Dios han engañado al hombre con la creencia de una fe de mentiras que se grita en los templos hechos de piedra? ¿Será por eso por lo que son de piedra, insensibles ante el dolor humano?

¡Vaya Dios el de los hombres!

Su mirada atravesó mis ojos y tocó mi alma, tomó fuerzas mientras su semblante era más sereno, cerrando los ojos dijo:

–¿Culpáis al Demonio de los actos del hombre?

Dios no juzga ni premia porque sois libres de actuar, será vuestra conciencia el juez y verdugo y obtendréis premio o castigo.

En aras de una libertad sacrificáis al inocente que desamparado es presa del deseo de creer, sois vosotros quienes rendís culto a quienes mutilan y crucifican a vuestros hermanos los hombres, no es de la lanza la culpa, si la usan para atravesar tu costado, es la mano que la guía la culpable de ese acto.

Escucha, pero escucha con atención: la creación, sin importar la idea que tengas de ella ¡No piensa! Es la esencia viva del ser, sin condicionamientos ni intereses, es el espíritu hecho carne que se regocija en vosotros. Existen miles de Dioses creados por los hombres, pero ninguno de ellos es la primaria energía, todos los Dioses creados están implícitos en la substancia de la creación.

El Padre Madre es la creación que vive en el interior de cada ser. Ese es el verdadero Dios, mi Padre que es el vuestro, no es hombre ni mujer, no es una persona, es Todo cuanto existe.

Él no piensa,
No tiene sentimientos,
No desea el oro y la plata,
No tiene embajadores.

Todos los seres son representación de Él.

No se equivoca, es la perfección, sois vosotros los que habéis equivocado el camino y adoráis a un Dios de piedra en templos de piedra.

La verdadera esencia de Todo no escribe limitaciones en libros de mentiras, vive eternamente dentro de cada alma, que descubre su presencia.

–El Demonio sonrió más no reía, lo miró y dijo:

–Al fin comprendes que han tomado tu presencia para obtener beneficios, te venden en templos de piedra.

–**Deja la ironía** –dijo aquel ser– **El hombre crea lo que quiere crear, suponiendo en su ignorancia, que aquello en que le hacen creer es la verdad...**

Por vuestro afán de protección divina creasteis Dioses y guías falsos que os hablan de Dios y del cielo. Más el verdadero templo y cielo donde habita mi Padre está en vuestro corazón.

–Pero... Tú, ¿Tú puedes cambiar el alma de los hombres?

–Si así fuera, no seríais vosotros y como tal no existiríais.

El hombre que despierta en sus ansias de poder sucumbe a los placeres sin límites buscando siempre su bienestar.

–Y así debe ser, –repuso el Demonio–, pero no porque yo lo induzca, sino porque encuentra en la ignorancia el placer de la sumisión. ¿No ves que la tentación lleva al hombre a la cima de sus deseos?

Todas las cosas del mundo fueron creadas por mi Padre para que exista armonía entre los hombres, más no concedió a nadie potestad ni testamento sobre ninguna porción de nada.

–*Pero...* –Me atreví a decir– *Las escrituras dicen lo contrario.*

–¿Cuáles escrituras?

El silencio se hizo eterno, no hubo respuesta alguna. La pequeña oficina se convirtió en un santuario donde la sabiduría infinita se fundía entre dos seres que eran uno sólo con el mundo.

Una pregunta flotaba en el aire cargado de un sentimiento de paz infinita. —*Los escritos antiguos que refieren que Dios entregó la Tierra en heredad.*

—¿Cuál tierra?

—*Esta, este mundo.*

—¿Acaso crees que mi Padre se limita a un pequeño planeta siendo la esencia inmutable de cuánto existe? Aun más: ¿Creéis que mi Padre dictaría un testamento, cuando su poder es infinito y vive en cada cosa creada por Él? Piensa bien, no sea que creáis en cosas de Dios invento de los hombres.

—*Pero... ¿Y la inspiración divina?*

—Todos poseen inspiración divina y aquel que hable en nombre de mi Padre lo hará por medio de sus actos basados en el amor, así manifiesta que el Padre fluye a través de Él. Se han equivocado los caminos, y el hombre en su afán de poder ha inventado historias atribuidas a Dios, si mi Padre hablará a un hombre, ¿No hablaría a los hombres desde su corazón?

—*¿Y aquellos que dicen ser enviados y elegidos de Dios?*

—¿No entendéis que las víboras se aprovechan de los ingenuos para lograr su cometido? Todos sois elegidos de mi Padre, tened cuidado de quien hable en nombre de Él y pida diezmos a cambio de la promesa del cielo, tened cuidado de quienes venden estampas de un lindo Dios obra de hombres, porque mentirá destruyendo tu alma por el dinero y el poder.

Las preguntas se respondieron: Dios, un ser que es Todos los seres, sin enviados, mensajeros, ni elegidos. Se derrumbaron mis creencias, comprendí que se han instaurado mentiras atribuidas a Dios por quienes quieren ganar la tierra reduciendo a los demás en credos de hombres.

¿Quién es poseedor de la tierra? ¿Quién es dueño, al menos de su cuerpo? ¿Y cómo se vende al cielo con falsas promesas?

—*Entonces, ¿Aquello que se le atribuye a Dios en las escrituras es mentira?*

—Una vez más, mi Padre no escribe,
No piensa,
No tiene mensajeros,
Ni iluminados,

Ni sacerdotes,

Ni maestros,

Ni representantes,

Ni profetas.

Si Él vive en todos los seres, cada uno es representante de su esencia y es, en definitiva, el Dios vivo.

Las historias del hombre implantan un yugo mental; quienes venden la fe, llenan los templos en celebraciones que nadie instituyó. Se han creado dogmas para que fanáticos del dolor los visiten, atiborrando las arcas de las iglesias con el fruto del trabajo de los pobres. Cada ser debería formar una iglesia.

De hecho, lo hacen. —Dijo el Demonio—. ¿No ves como ahora en cada esquina hay una? Y todas venden y ganan con el cuento: ¡Alejad a Satanás! Todas las iglesias ganan dividendos a mi costa, creo que cobraré diezmos. Gracias a mi existencia, son muchos los que se han hecho ricos.

—Miré al Demonio, y le dije: —¿*Ves? El mal sí existe...*— Sonó una carcajada.

—No es mal lo que hacen las iglesias, nadie tiene la culpa de creer en mentiras y pagar porque se las cuenten.

En el fondo todos buscan la semilla mágica de quien se para al frente y convence, los sacerdotes, pastores, enviados se aprovechan de la ingenuidad para vender su producto. ¿En qué ves lo malo? Cada ser tiene la libertad para evaluar que compra y porqué lo compra.

Y quienes allí van, se olvidan de que aquello que intentan comprar lo poseen en su interior por miles. Dime una sola cosa que se haya hecho en esos lugares, que no haya sido creada por la mente...

—*Milagros, —dije—. Esos no los hace nadie más que el que cree en los milagros. Dime algo que se considere milagro y que valga la pena, como, por ejemplo: Cambiarle a alguien el color de los ojos, o transformar un templo en un palacio para hacer una fiesta. Cosas reales, no fantasías de cuentos. De hecho, cada ser hace que sus pensamientos y deseos se conviertan en realidad.*

—Mirando a su gemelo le dijo: —¿Acaso tu no predicas eso?... La gente que dice ser sanada por un milagro ignora las capacidades de la mente.

—**Es cierto,** —contestó— **Si tenéis fe como un grano de mostaza, arrojaréis montañas al mar, o, si queréis un milagro, "imaginad" que lo has obtenido.**

—¿Ves? Eso lo hacen las mismas personas y no tiene nada de sobrenatural. Repasa la historia y muéstrame un testimonio real de mi presencia... O de la de Él...

—Lo señaló y al hacerlo, de su mano salió una pluma de fuego azul que se transformó en humo.

—Truco tan barato, —dijo— De la nada aparecieron, tres griales, llenos de vino. —*Feliz año,* —dijo— *Bendice este cáliz porque esta es mi sangre.*

—Lo repartió entre nosotros. El Demonio bebió y acercó la copa, —llénala por favor, no hay nada como un bueno vino, ¿No puedes invitar a Martha y a María?— Mientras la copa se colmaba, el Demonio hizo aparecer un pan recién horneado y dijo: —Tomad y comed porque este es mi cuerpo en el inicio del próximo año, Dios y Demonio bebiendo y comiendo... Quien lo creyera—.

Llegó a mi mente el recuerdo de las mezquitas, iglesias, templos que se llenan de gente humilde con la esperanza que el sacerdote sirva de intermediario entre Dios y los hombres, se promulgan herederos de la palabra divina ¿Cuál? Si Dios habla a través de la mariposa, de la hormiga, del niño que nace, habla a través del preso, habla sin boca ni lengua si no habla en presencia de cada ser.

—Inquieto tomó un lápiz y dijo: —*¿Quieres conocer a Dios?* —Como un artista comenzó a dibujar un extraño mosaico de triángulos—. *El lápiz crea lo que desee de acuerdo con la mano que lo guíe, por sí sólo no dibuja nada, así es la esencia de Dios, es de vuestra mente lo que queráis crear y lo que queráis hacer, más sois vosotros quienes camináis el sendero creado por vosotros.*

Y seguís a quienes profesan ser portadores de una verdad impuesta por sangre y destrucción; durante miles de años habéis abierto un camino de víboras sin ver que camináis sobre cadáveres de los hombres que se negaron a creer que Dios es un ser que limita, que imprime terror, que destruye. Desde el púlpito juran que mi Padre es Padre de terror y os castigará si pensáis, os condenará si intentáis salirte de las creencias y de los dogmas impuestos con espada y con fuego.

Nunca pensáis que el camino de los hombres ha sido creado en la ignorancia y en la crueldad, más mi Padre Madre Dios, comprende que llegará la

hora del cambio y resucitaréis de la muerte mental y espiritual y Él resucitará en cada uno de los corazones donde está muerto y crucificado por las creencias limitantes de los hombres. El verdadero Dios no es un Dios de muertos, sino de vivos.

Comprendía que no es Dios el que guía al hombre, es el hombre quien ha inventado a un Dios de terror, es el hombre que ha sembrado por generaciones el poderío del dinero.

Las escrituras que no son de Dios sino de los hombres, impusieron durante generaciones la muerte, la aceptación y la creencia de un Dios; la historia demuestra la cobardía de jerarcas que a mansalva convirtieron a los indios y los pobladores antiguos en muertos espirituales.

Los representantes mataron en las cruzadas y en la inquisición, aún hoy veo con temor como quieren gobernar los pueblos en una absurda creencia de sometimiento mental, con una doble moral; pregonan que no se debe cometer en los demás, lo que ellos hacen con el mundo.

Que lejos estamos de Dios, que poco le conocemos, la historia habla del dolor causado por los que pensaron que Dios habla a través de un hombre que grita y vocifera desde el altar, que todos así lo debían aceptar ¿Cuántos fueron quemados vivos por no creerlo?

En la lucha por obtener el poder el Demonio representa la fuerza de la libertad.

–Contemplándolos pregunté –*¿No es la libertad el inicio de una anarquía?*–

–*Desde que el mundo se alzó en creencias hemos adorado Dioses, Reyes, enviados, mensajeros, pero todo se ha convertido en una tiranía constante disfrazada de diplomacia para someter al hombre.*

Cuando se enclaustra la libertad del pensamiento, se entra en la esclavitud del espíritu, negando la realidad del ser.

Los jerarcas piden culto, dinero, y sumisión a ellos. Los tiranos esclavizan el pensamiento y la vida.

Los anarquistas al final terminan en su libertad convirtiéndose en los dos, el anarquista, termina como jerarca que no tarda en ser tirano.

Sólo quienes de verdad son libres viven en el infierno de la felicidad. Sin tiranos, sin jerarcas, sin anarquistas.

Una centella rompió mis meditaciones

–¿Cómo creéis que mi Padre es un tirano destruyendo su obra? Habéis leído en las escrituras que mató a espada descuartizando los niños que crecen en el vientre de las mujeres. ¿Cómo habéis podido atribuir a mi Padre un diluvio o la orden de destrozar ciudades?

¿Acaso mi Padre es culpable de que hoy los supuestos representantes de Él en la tierra cometan los actos más atroces?

–El Demonio interrumpió, –No soy yo quien ha creado la vejación de un sacerdote que contrae matrimonio y luego abandona a la mujer denigrándola, y destruyéndola con el consentimiento de la religión.

O el cura que en su embestidura como representante de Dios termina declarando públicamente su homosexualidad incitando a otros. ¿Cuántos más habrá que escondidos en los templos practican lo mismo?

O peor que esos fariseos pregoneros de mentiras, el infeliz y maldito que usando las creencias ha fundado a través de la confesión el negocio de la pornografía infantil aprovechándose de la ingenuidad de los niños. Nadie alcanza a imaginar lo que se esconde en el corazón de quienes proclaman supuestamente el amor.

Cuantos más viven en la depravación y gritan desde el altar en oración que abráis el corazón a Dios.

—...Fariseos, sois sepulcros llenos de iniquidad y mentira, os digo que no habrá para vosotros misericordia. Ni en la tierra ni el cielo, ni el infierno. –Dijo Dios–.

—Más los hombres que desean el poder, inventan historias atribuyéndole a Dios cosas de los hombres.

Escucháis al hombre hablar, pero no es Dios el que mueve sus labios sino el interés que siente, y habéis

creído, pensáis que mi Padre si os quisiera destruir ¿Necesitaría de una espada o un relámpago o una inundación? Pero los hombres asocian la caída de un meteoro con un supuesto castigo... Que fantasía más lejos de la realidad, ingenuos los que creen en eso.

Él es un Padre de amor que os ama y jamás; tenedlo presente, jamás os dañará porque Él vive en cada ser y sería como si se lastimase así mismo.

Habéis oído tantas cosas que vuestra mente entró en la noche de la ignorancia, Dios está en vosotros y vosotros sois Dios. ¿Cómo creéis a otro lo que está en vuestro corazón? ¿Por qué no miráis antes de dar testimonio? ¿Sólo porque otro lo dijo?

CIEGO QUE SIGUE A OTRO, LOS DOS CAERÁN AL POZO.

Habéis perdido vuestro horizonte. Mientras creáis en profetas enviados por el Dios creado por el hombre, creeréis no en Dios sino en el hombre que dice ser un profeta.

Te habéis dado cuenta de que Dios mora dentro de ti y desde allí podéis tener una comunicación no de palabras ni de páginas amarillentas de algún libro viejo, sino de sensaciones de gozo cuando en lugar de guerra y odio brindáis amor y perdón.

Tened siempre presente que mi Padre no juzga ni condena, tened presente que mi Padre respetara vuestra libertad y así como no te dará la mano tampoco te juzgará, está dentro de ti, no necesitáis seguir a otros para descubrir que tú eres Dios.

Al pronunciar las palabras, la oficina giró como un trompo, el escritorio se transformó, a pesar; que, fuera del ventanal era de noche, allí era de día y brillaba el más hermoso de los soles.

–**No,** –respondió como un trueno que rompe la calma antes de la tormenta–, **Mi Padre no crea el dolor, sois vosotros quienes perecéis al perder la fe, ante la dificultad dejáis que la resignación os llene, eso habéis aprendido de los hombres, más si fuerais fuertes superarías al dolor con amor.**

Si de verdad vierais que sois Dioses, nada ni nadie lastimaría vuestro espíritu.

¿Habéis visto que en los templos los hombres elevan plegarias pidiendo con clemencia y lástima que el sufrimiento acabe? Imploran de rodillas un milagro ante la imagen de un hombre que no soy yo, muerto en una cruz como símbolo de abandono y resignación, suplicando que sea Dios el que acabe con lo que los hombres han creado: su infierno o su cielo.

¿Qué existe más lejos de la realidad que esto? ¿Acaso todos no son hijos de mi Padre y por ende de Dios? Otros intereses hacen ver a un hombre sumiso ante la adversidad, al contrario, el amor, el verdadero amor es de lucha y aquellos que subyugan te juzgaran como pecador.

Si luchas por tu causa, entonces deberéis ser fustigado, crucificado y destruido no por Dios sino por vuestros hermanos los hombres, deberíais de colocar en cada templo la imagen del hombre vivo y luchador, que combate el dolor y triunfa.

Nunca hasta ahora vi con tal nitidez aquello que era tan obvio, ¿Cómo se acepta que el dolor provenga de un Dios de amor? ¿Cómo se piensa que lo que vivimos sea causado por Él? Quizá quienes veneran cristos crucificados son amantes del dolor y así lo crean y lo causan, a Dios no se le castiga y Dios no castiga, somos uno.

Pero en nuestra ignorancia, muchas veces promulgamos extraños comentarios como: Si Dios quiere, si Dios lo permite, castigo de Dios o gracias a Dios.

Si somos Dioses debemos darnos gracias a nosotros, debemos creer más en nuestro tesón al intentar, sin importar que se nos tilde de pecadores.

No podéis culpar a Dios cuando el hombre ha descubierto que el poder está en las posesiones, todos quieren ser servidos más nadie quiere servir, os entregáis en cuerpo como ofrendas al Dios del dinero y de la maldad, pregonáis el amor cuando en vuestro corazón yace el deseo de las riquezas.

¿Habéis pensado cuánto dinero se recoge en diezmos y ofrendas? Pero son más los niños pobres que existen. Por cada ofrenda, un niño muere de hambre.

¿Quién da de sí en amor? Muy pocos y aún se dice que Dios instituyó las ofrendas ¡No! A Dios no tenéis que pagarle, Dios no hace negocios ni intercambios, os ha entregado el universo de una vez y para siempre. Queréis en vuestro afán comprar a Dios, pero tan sólo compráis una estampa y pagáis porque os digan que eres un pecador, que debéis entregar vuestro trabajo para agradar a Dios.

¡Insensatos! Vendéis al hermano, seguís la tradición de la traición, os habéis convertido en Judas que escondidos asecháis al amigo para robarle el pan, apostáis al mejor postor y votáis por el candidato que más os pague para dominar al pueblo en una aleación fatal: religión y política.

Mirad la verdadera crucifixión de Cristo en el hombre a quien se le roban sus ideas, a quien se le crucifica en el calvario de la burocracia, que diferencia halláis entre el político que vende promesas y los guías que desde el atrio venden la fe. Ninguno cumple nada, volviéndose insensible ante el dolor de una humanidad que sucumbe ante la violencia, creando sumisión perpetua en cadenas no de hierro sino mentales, llevando no al espíritu sino al cuerpo y la mente a una esclavitud. Os venden la tierra que no es de nadie sino de todos para que la paguéis con vuestra vida, mantenéis al pueblo sumergido en la ignorancia y el Dios del dinero patrocina la traición y la muerte. Mirad quienes hacen alarde de ser las naciones más ricas, aunque su territorio sea pequeño, se han enriquecido con la promesa que el diezmo será repartido entre los pobres, ¡mentira! Si queréis ayudar al hermano no necesitáis de intermediarios, solo dais la mano, hoy vives en la insensibilidad al dolor de la muerte y la destrucción, es vuestro pan y lo coméis con agrado.

¿Cómo juzgáis a Dios de los actos de los hombres? Quien es más crucificado que el hombre por el hombre; os imponen leyes instituidas por hombres que gobiernan el espíritu y aun enfrentan a la naturaleza.

WICCA

Os obligan a aceptar ceremonias donde entregáis vuestra mente en una esclavitud perpetua, has visto a la mujer que en aras del amor da la vida, se convierte en "madre" más es condenada y estigmatizada como madre soltera y despreciada desde el púlpito sin importar que es madre y el hijo es hijo de Dios. ¿Acaso Dios no es el Padre de la creación sin matrimonios ni negocios?

¡Ved! Qué hoy, los supuestos representantes de Dios gritan desde el púlpito: No al aborto, no a las violaciones, no al ultraje, pero ellos mismos lo cometen con las monjas obligándolas a abortar, y cuando el aborto destruye a la mujer, el mismo que la seduce y la mata, celebra los actos fúnebres...

¿Quién instituyó que la maternidad tiene jerarquías? Si mi Padre nunca impuso nada que no fuese el amor, pero vosotros por dinero vendéis a Dios y lo compráis y pagáis enriqueciendo a quienes venden a Dios juzgando la inocencia y despreciándola si es hijo de una madre soltera, no es acaso despreciar al Dios que mora en ese ser y ¿Cuál es la diferencia creada por los hombres entre una madre soltera y una madre casada?

¡Necios! Las dos gestan igual, pero os llenáis de razones absurdas y las creéis, haced público vuestro amor en un matrimonio instituido por los hombres, y abusáis de ello llevando generaciones por similares caminos, sometiéndolos y condenándolos antes de nacer como pecadores, queréis respuestas de Dios por la miseria espiritual de vosotros ¿Por qué condenáis al Demonio de lo que aceptáis de otros que dicen hablar en nombre de Dios?

No juzguéis ahora mis palabras mirad en vuestro entorno, pero que tu mirada sea libre de los pensamientos de otros mi Padre es vuestro Padre y Padre de toda la creación. ¿En dónde puede haber una diferencia para Dios? Aun, el ser más insignificante es la representación de mi Padre vivo en cada uno, sois vosotros quienes pensáis que hay un Demonio, el antagónico de Dios.

Que poco y mal, conocéis el verdadero amor de Dios, fragmentáis las razas en colores, dividís el bien y el mal, lo diestro y lo siniestro, consideráis al blanco bueno y al negro malo; entonces debéis pensar en vuestro error. Porque mi Padre Dios es negro. Solo en la oscuridad brilla la luz, ¡Insensatos! Despreciáis el mosquito, pero tragáis el camello.

Usad vuestros avances en la ciencia para conocer al Dios que mora en cada uno y no para destruir al hermano, la tecnología deberá usarse en el beneficio de la humanidad, el futuro es el presente sin tiempo, el Dios que yace en vuestro corazón os brinda el verdadero sentido de la vida: Descubrid y conquistad el cosmos.

Más peleáis y matáis por un pedazo de tierra con la firme convicción que fue mi Padre quien a través de unas escrituras hechas por los hombres para dominar los hombres eligió un pueblo y por heredad la tierra fue entregada.

¿Cómo habéis creído esa historia? ¿Cómo pensáis que para el verdadero Dios exista un pueblo elegido? No... ¡Todos los pueblos son elegidos! Pero habéis tragado el camello de la mentira y habéis cometido en aras de la libertad el error de creerlo, vosotros os destruís solo por el poder de aquel que dijo:

"Todo el oro y la plata, es mía."

–Interrumpí, lo que oía se salía de mi concepto y creencia que Dios necesita del oro y la plata, así lo dicen las escrituras, él pedía oro y piedras preciosas, pedía sacrificios como ofrenda y la tradición así se ha mantenido.

–Según los textos inspirados por Dios ese Dios imponía su presencia a sangre fuego y destrucción, entonces ¿Ahora hablamos de otro Dios?

–Que poco y mal conocéis al Dios verdadero que mora en cada corazón, no has visto aún que el hombre en su afán de lucro ha inventado al Dios de las fortalezas y de los ejércitos, que pide oro y plata para sí, que difícil pensar que el verdadero Padre no necesita de nada de ello siendo el creador de Todo. ¿O el hortelano dueño de la vid te entrega el vino y pide que se le devuelvan las cáscaras? ¡Necios!

NO HABÉIS VISTO QUE EL DIOS DEL ORO Y DE LAS RIQUEZAS ES INVENTADO POR VOSOTROS PARA ENRIQUECEROS

No veis que los templos se llenan de fieles en espera de un encuentro con Dios y como en cualquier espectáculo de circo pagan aquello que les venden

con la esperanza de la fe. Pobre humanidad doliente que sucumbe a la lepra de las mentiras del fanatismo en las falsas doctrinas y religiones, os habéis llenado de historias y las creéis, tragando el camello.

Despreciasteis lo de afuera, pero habéis comido lo de adentro.

Más... No veis a los verdaderos hijos de Dios que no piden oro ni plata y viven en el dolor al que los ministros y jerarcas los han enviado, no veis que los pregoneros de la fe venden a Dios y vosotros lo compráis, ¡Despertad! Es la hora de la verdad, ved al verdadero Dios vivo en cada uno de vuestros hermanos, ved al Dios vivo en cada corazón, ved al Dios vivo en vuestros actos y en vuestro pensar.

Un Dios de guerra traicionero, un Dios celoso, que se encarnizó con vosotros los hombres, no estaréis en vuestra libertad adorando al mal, y habéis vendido el alma a los sacerdotes que os limitan y destruyen en vuestro espíritu.

Tened cuidado, que aun la hora no ha llegado, pero ya se nota el amanecer que anuncia que la verdad *ha salido a la luz y de los templos de piedra no quedará piedra sobre piedra.*

Más aquel que se oponga será condenado por los servidores del mal, y vendrá la muerte diciendo que blasfema.

Queríais preguntar por qué sois hombres de poca fe que aun conociendo y sospechando el engaño continuáis creyéndolo, entregáis diezmos y limosnas para pagar el perdón de vuestros pecados, pero olvidáis que no hay pecado, solo que confesáis vuestros actos sin que os deis cuenta; que, Dios no necesita de vuestra confesión porque vive en vosotros y ya de hecho lo sabe Todo. Y menos os cobraría por oíros.

¡Necios! Proclamáis confesión y por vuestra boca pereceréis en el espíritu, pagaréis para que no se divulgue vuestro secreto, confiáis más en el hombre que se esconde en el confesionario que en el Dios que mora en vuestros corazones.

Aterrado ente aquellas palabras mi alma se confundió, relacioné la verdad con mis dudas, pensé que era una osadía tratar de descubrir aquello que perturbaba mi espíritu, pero ahora en este instante de una noche cualquiera mi alma ha sido iluminada. Y es tan fuerte la luz que ciega mi pensamiento.

No proclamo una verdad, pero si puedo transcribir este encuentro; quizá algunos despierten y se acabe el sufrimiento de un mundo que aceptó como normas de vida la muerte y la destrucción por el deseo de poder, por la avaricia, peleamos por un pedazo de tierra cuando tenemos millones de planetas para conquistar.

Que gran sufrimiento me invade, cuando rompo las cadenas de la limitación mental y reflexionó en lo que oigo, como contradecir al Dios que grita en mis entrañas, no es una ilusión de mi cansancio sino la voz de mi alma que me grita e impulsa mi mano a tomar la pluma azul y escribir mi pensamiento.

Hago un paréntesis y sin el velo del temor escucho al apóstol mudo que me habla.

Veo que la humanidad se debate en creencias y sectas auto nombrándose los elegidos de Dios y de un Espíritu Santo, "palabras que venden", veo que el ser ha dejado de pensar y como un ciego esclavo sucumbe en su ignorancia a manipuladores que le ofrecen lo que ya posee, el hombre escucha lo que otro dice sin mirar su corazón, quizá este escrito sea similar al tratar que alguien vea mi pensamiento, mi intención es diferente no invito a que me sigan, sino al contrario a que cada uno descubra su verdad.

Mis interrogantes no son más que mi punto de vista y mi encuentro con Dios y el Demonio, el mismo que cualquiera puede tener si hace silencio para oírlo. Se debe permitir que la razón se anteponga a los conceptos y dogmas, no tenemos sino esta vida la cual se debe vivir con plenitud.

Como humanos, hemos equivocado el camino, aceptamos por imposición una serie de argumentos que consideramos verdades sin detenernos a meditar y evaluar aquello que entra en el alma, es verdad, ahora creo que el Dios del cielo que nos ha impuesto, ese Dios celoso lleno de soberbia, que ese Dios que envió a un espíritu a poseer una mujer para dar a luz un hijo; no es más que una farsa en la que hemos caído.

Por doquier se encuentran iglesias y por doquier pastores, maestros, iluminados, sacerdotes, obispos y hasta un papa se suponen representantes directos de Dios en la tierra una y mil veces más me pregunto de ¿Cuál Dios?

Sin embargo, veo como se sumergen en millones y millones de dólares, como adquieren y patrocinan los actos que condenan y como ahora la política los gobernantes el emporio económico de las naciones son la presa de estos jerarcas que destruyen a sus hermanos.

No evitaré que juzguen mi pensamiento, pero... Como callar cuando adoramos imágenes y damos limosna para mantener templos y de rodillas aceptamos nuestra rendición espiritual a quienes así nos lo exigen so pena de la condena eterna el día que muramos.

Pero...no nos detenemos a mirar a los verdaderos cristos vivos que existen en la miseria en donde de una o de otra manera los hemos empujado, no vemos el niño mutilado por quienes desean poseer la tierra, no vemos las lágrimas del enfermo ni del hambriento más limpiamos nuestra conciencia en una dádiva y en una confesión absurda y estúpida de nuestros supuestos pecados.

Nos imponen una penitencia; rezar cien veces: "Yo pecador, me confieso" para que quedemos convencidos que somos pecadores, pero nunca miramos el sufrimiento de los nuestros, no vemos ni imaginamos que el dinero de las ofrendas bien alimentaría a un pobre, nos consideramos leales a Dios.

Obligamos a las nuevas generaciones a pensar no en sus verdaderas capacidades sino a atribuirle a ese Dios los aciertos de la humanidad y al Demonio lo culpamos de los fracasos, al parecer de nada sirve el estudio ni el esfuerzo constante de quienes luchan y se superan Todo se lo debemos a Dios; quisiera pensar ¿Qué opina ese Dios de lo que ahora escribo? ¿Será por la voluntad de él o de la mía? ¿Serán sus manos las que escriben o las mías? ¿Los seres que están frente a mí que inspiran mi mente y me muestran el engaño lo hacen también por voluntad de Él?

Acepto el reto y no creo que ese Dios exista. Así que renuncio a Él junto con todos los que se auto proclaman enviados o representantes de ese Dios...

Qué argumentos tenía Josué para destruir ciudades en nombre de un Dios de ejércitos que grita "La venganza es mía" y suponer que así conquistaría la tierra.

Han transcurrido miles de años y seguimos con la misma estupidez, los guerrilleros matan al campesino y lo sacan de su tierra, una barbarie igual a la de Josué hoy no se utiliza el cuchillo y la espada sino armas sofisticadas, y los seguidores de ese Dios patrocinan la violencia.

No hay nación del mundo donde su presencia no se haya inmiscuido en la política, fatal combinación para la humanidad, por un lado, los demagogos que prometen cambios y por otro los sacerdotes que imponen ese Dios de acuerdo con los negocios con el candidato que más se vende.

Y así juntos podrán someter al pueblo mientras sus arcas se llenan con el dinero de los pobres, hemos avanzado tan poco en el desarrollo de la humanidad que perdemos generaciones completas por continuar en la brutalidad de poseer la tierra, en la absurda mediocridad de pensar que estamos pecando, aun hoy la tecnología es considerada como diabólica.

Bien se dice que un pueblo embrutecido es fácil de gobernar y, más aún, cuando les presentamos el circo de un poco de incautos que juran que se les apareció la virgen y les concedió un milagro, así se llenan de una sobredosis de fe y más dinero para las arcas, **al pueblo hay que darle pan y circo...** Perdemos seres que valen en el avance de la humanidad, como el esfuerzo que hizo Jordano Bruno al promulgar su verdad.

Rindo honor al gran pensador quien fue calcinado vivo en la plaza de las Flores de Roma, monje dominico que hubiera abandonado la orden, le hubiese bastado confesar que su pensamiento era un error para haber escapado de la hoguera, pero prefirió ser quemado vivo antes de retractarse. **El papa Clemente Octavo supuesto representante de Dios** lo condeno a prisión, durante siete años estuvo con pesados grilletes en sus pies, su genial intuición lo hizo adelantarse cinco siglos a su tiempo, lo cual era el más imperdonable de los pecados, estos textos de su pensamiento demuestran la libertad de su espíritu:

… "El mundo vive… la mesa, en tanto mesa, no está animada, ni el vestido, pero en tanto cosas naturales y compuestas, comportan la materia y la forma. Una cosa, por pequeña, mínima que sea, incluye la sustancia espiritual, pues el espíritu está en todas las cosas y no hay corpúsculo por ínfimo que sea que no contenga su parte y está animado por ese espíritu…

… Cuanto existe, es UNO. Conocer esta unidad es el objetivo y el fin de toda filosofía y de la contemplación de la naturaleza. Quien haya encontrado al Uno, quiero decir la razón de esta unidad, ha encontrado la clave con la cual encontrará la verdadera esencia de la naturaleza".

Por este pensamiento fue quemado en una plaza atestada de ignorantes que veían como el "pecado" era castigado Galileo Galilei, Copérnico, Voltaire, Kepler, y muchos más, ante el temor de la muerte debieron retractarse, pero sus ideas siguen vivas.

Optó por seguir a Giordano Bruno, pero… quizá no sea las llamas las que consuman mi cuerpo, el modernismo es menos dramático.

Esos actos de barbarie, aunque muchos crean que son divinos ya que vienen de un papa la máxima representación de Dios no han sido más que los límites de la mente impidiéndose la evolución y el avance, nos hemos retrasado en más de diez mil años.

Gracias a una cantidad de embaucadores y charlatanes limitaron con la muerte el verdadero deseo del pensamiento de Dios conocernos interiormente conquistando el cosmos.

En cada ser Dios está presente, en cada cosa, en cada lugar, debemos conocer al Dios que mora en el espacio, en los planetas en las vidas ínter espaciales y dejar de pelear por un pedazo de tierra por considerarnos mejores que otros, es la hora de cambiar el "credo" y decir: "**Confió en mí**"

Es la hora de cambiar los dogmas de manipulación y miseria, es el momento de levantarnos y descubrir las capacidades ilimitadas de la mente humana liberándonos del fanatismo y las creencias en la espera que un Dios benévolo nos concederá todo.

Si así fuera, las cucarachas nos hubiesen ganado en inteligencia.

La razón, la lógica, la voluntad del esfuerzo común en beneficio de la humanidad deben ser el sentido de Dios, no la limitación absurda de los sentimientos vacíos, en los templos de piedra se ve sólo eso, seres mediocres justificando su pereza esperando de Dios un milagro en lugar de hacerlo.

¿Será que los científicos y los grandes pensadores, y el esfuerzo de los ingenieros de llevar el hombre a la luna se lo debemos a la voluntad de un Dios o a la grandeza y tesón del espíritu humano?

Mis pensamientos fueron rotos en millones de fragmentos cuando escuche en mi mente aquellas palabras.

PADRE: PERDÓNALOS PORQUE NO SABEN LO QUE HACEN.

La luz de la habitación hizo, venía a aquel encuentro la pequeña oficina vibró al percibir que la fuerza de la creación se liberaba, la magia del amor se irradió en cada esquina y allí en aquella silla convertida en trono; el Dios y el Demonio de mi interior en oración hablaron:

Sois lo que deseáis, más no lo que mi Padre desea que seáis, de hecho, Él sólo desea que seáis verdaderamente libres.

Es de vuestra voluntad el encontrar el camino de la grandeza, mi Padre es un creador, al igual que vosotros deberéis ser creadores del mundo.

—¿Crees tú que la humanidad rectifique el camino encontrando el verdadero sentido de la vida? —Me atreví a interrogar—.

Un silencio embargó los cielos.

He allí una prueba más, sólo vosotros cambiaréis vuestros pensamientos y conceptos, una vez más, vuestra libertad y no la de Dios es la que os muestra el camino.

Cambiad el dolor y el sufrimiento en alegría y esperanza; unid las manos de vuestros hermanos en el regocijo del amor. Descubrid al verdadero Dios que está dentro de vosotros.

Sed la vid que da el mejor vino, pero no la consumáis en un instante si no esparzáis la semilla para que todos beban de la verdadera gracia de la perfecta sabiduría.

Sed la oveja que se escapa del rebaño, pero no permitáis que el pastor os vuelva a atrapar para llevaros al matadero.

Perdonad de corazón con eso vuestro espíritu no sufrirá congoja al pensar en el ayer, dejad pasar al pasado ya no lo podéis cambiar, más tenéis el futuro, pero mirad el presente, es la hora de iniciar el cambio en las nuevas generaciones descubriendo al Dios que mora en el interior de ellos. Dejad que los niños escriban con la mano izquierda eso no es sinónimo de malignidad sino destreza, el verdadero perdón no es mirar el ayer sino el mañana, no vale perder el tiempo en lo que ya paso, fuisteis engañados y con la guerra y la destrucción no cambiaréis, al contrario, perderéis un tiempo precioso en aplicar vuestra justicia y ya veréis lo que sucederá.

Serán miles de años del presente convertidos en el pasado, romped ya los límites y no penséis más en quienes han creado a un Dios de mentiras, en aquellos que mutilaron la imagen viva del Dios en cada ser destruido por pensar y salirse de los dogmas impuestos por el absurdo de la razón, es la hora cuando deberéis romper con el ayer y mirar el amanecer de un nuevo día, el día en que el hombre Dios se descubra, sin dadivas, sin milagros, sin diezmos, sin penas ni castigos, donde el templo sacrosanto de cada cuerpo sea respetado por la mente divina de Dios que mora en el interior de cada cual.

¿Queréis adorar templos? Adorad a vuestro hermano, dad vuestra dadiva a quien lo necesite, no des dinero si no sed creador de oportunidades de trabajo y progreso, como podéis dormir en paz si tu hermano muere de frío y hambre, como podéis de rodillas dar gracias a Dios cuando tus actos son de desprecio por los que sufren; cambia vuestro pensamiento y dirigid vuestros pasos hacia la verdadera grandeza rompiendo las cadenas de la resignación.

Dejad de creer que pecáis, dejad de aceptar que mi Padre es un Padre de terror, dejad las escrituras que os limitan para los necios y pensad que la palabra de Dios, son vuestras obras sin intermediarios, Dios no los necesita, está dentro de ti.

Queréis despertar a la humanidad, entonces mirad a tu alrededor y despojaos para daros a los demás, anda, vende lo que posees, que sea tu mano la que lo reparte entre los necesitados ¿Tenéis dinero? Por qué no construís un pabellón en un hospital para los niños lisiados por la guerra, ¿O de quien supones serán tus pertenencias cuando tu alma abandone tu cuerpo?

Recordad mis palabras, dad de vuestro corazón en amor, pero... si no poseéis nada material dad de la riqueza espiritual una caricia, una palabra de apoyo, dad con vuestro ejemplo vida; llenaos de ilusión y demostrad que Dios se alberga en vuestro corazón.

Así, mi Padre despertará y veréis la verdadera gloria de Dios en mil años de paz, veréis nacer la hermandad en el perdón, la tolerancia y el amor.

Veréis que los hombres harán obras más grandes, ¿Has visto al cirujano que con mano diestra abre el cuerpo reparando la herida devolviendo la vida? Es él que con su esfuerzo realiza el milagro de la existencia, es el Dios de su interior y no el del templo el que empuña el bisturí.

Aunque muchos proclamáis gracias a Dios se salvó ¿Gracias de qué? ¿Y el cirujano y su mente en dónde queda? ¿En dónde han quedado años de estudio y esfuerzo para lograrlo?

No imagináis cuantos milagros se realizan en el corazón de vuestros hermanos.

Más mi Padre está en cada uno y no fuera de vosotros, si queréis podéis orar y hacer ayuno toda vuestra vida, jamás mi Padre os concederá un solo milagro ya lo poseéis todo.

Pero intentad sobreponeros ante las dificultades, imposible que no vengan y ellas son la forma de fortalecer vuestro espíritu, de esa manera permitiréis a Dios vivir no sólo en el corazón, sino también en vuestra mente.

Os han pintado un calvario que el hijo del Dios aceptó con humildad y resignación. Yo te digo ¡No! El Padre no es Padre de resignados, El Padre Madre no es Padre de los débiles que mueren sin luchar, mi Padre es Padre de superación, de coraje y de estímulo.

Al contrario, mirad en los templos muchos muertos de espíritu, le rezan a la imagen de un hombre muerto.

Vosotros tenéis miedo de dar, os conformáis con limpiar la conciencia para tranquilizaros ante la mezquindad y el egoísmo... Mirad que por doquier el mundo muere de hambre, de angustia y de pobreza, sois vosotros los que habéis creado la esclavitud, sois vosotros quienes habéis creado la pobreza, sois vosotros artífices de la miseria, más pensáis que ha sido el Demonio el causante del dolor de la humanidad, lo condenáis y en los púlpitos os lo gritan: Que Dios ha enviado castigo por vuestros actos y para evitarlo debéis aumentar el diezmo, la plegaria y el sacrificio.

Seguid a los mensajeros de la muerte y estaréis muertos en el espíritu, pero podéis cambiar el mundo si dejáis que el verdadero Dios de vuestro corazón se levante.

Que vuestro corazón sea el altar desde el cual os habla, que vuestros actos sean la oración del verdadero Dios, que vuestros diezmos sean el pan de los necesitados.

Orad contigo y hablaréis con Dios, amad al hermano y amaréis a Dios, dejad de creer en las historias, mi Padre no escribe ni inspira a profetas, mi Padre no piensa, ni condena, ni pide, mi Padre sólo crea en el amor.

Se hizo el silencio, los dos al tiempo comenzaron a declamar un extraño discurso.

Discurso de Dios y del Demonio

Es preciso elevar los ojos y mirar en el corazón la verdad. Levanta la voz para verte en medio de la oscuridad.

Te invoco al Este y al Oeste.
Te invoco al Norte y al Sur, y proclamo:
¡Desdicha a los débiles, Vida a los fuertes!

Abre los ojos, hombre esclavo y escucha mis palabras, para que seas libre.

Desafía la prudencia del mundo, interroga a las Leyes del hombre y descubre las de Dios.
"¡Recuerda que el verdadero Príncipe del Mal es el Rey de los esclavos que llenan los templos!"

Son mis enemigos los que sienten cobardía ante la vida libre y natural. Vuestras verdades son todas falsas.

Rechazo todas las convenciones, nada coartara mi libertad y mi dicha.

Moisés rompió las Tablas de la Ley cuando vio que su pueblo adoraba al Becerro de Oro. Adora al Becerro de Oro y rompe las Tablas de la Ley.

Moisés dijo: Hay que matar a la mujer adúltera... No la mates, adultera con ella.

Dice el génesis ojo por ojo y diente por diente: comprende sin poner la otra mejilla.

Dice la ley amaras a Dios sobre todas las cosas, ama a todas las cosas sobre Dios, desprecia la vana filosofía de la vida impuesta y dale a cambio la felicidad.

No impongas la paz, pero tampoco impongas la guerra. Porque por encima de todo proclama el AMOR como bien supremo de todos los mortales.

Amaos los unos a los otros sin importar razas, credos o sexos.

Al final el Demonio despertó en la mente de cada ser no es una persona, no es nada más que un pensamiento de nuestros deseos, allí quedamos el Demonio Dios y yo y, así nos reíamos de la estupidez de los hombres al confundir a Dios con el Demonio, al Demonio con Dios y a mí con los dos; lo único que quedó de esta extraña cita ha sido la libertad de mi Dios y de mi Demonio...

La energía retorno, la radio sonó con la fuerza de mil huracanes, faltaban unos minutos para la medianoche era el jolgorio del próximo año la vela se había consumido en su totalidad, extraño sueño; allí en el suelo... Movida por el viento aquella página con los dibujos, el triángulo y la firma de Dios y del Demonio junto una pluma azul que conservo como un recuerdo de este día.

Otro locutor leía algo de la noticia del coletazo de un vendaval nada diabólico.

Omar Hejeile Ch.

Noticias

Los siguientes documentos han sido tomados de las fuentes originales a través de la red de Internet: Agradezco a las agencias noticiosas, así como a los redactores, estos documentos de público conocimiento permitan hacer un llamado urgente en la protección infantil frente a uno de los peores males de la sociedad "la prostitución, el aborto, el abuso sexual en niños y en adultos.

Infortunadamente, estos son cometidos y patrocinados en su gran mayoría por los clérigos quienes bajo su credo de secreto y manipulación, impiden contrarrestar este flagelo.

Miércoles 09 de enero de 2002.
BBC Mundo Noticias

En septiembre pasado, un tribunal francés condenó a tres meses de cárcel con suspensión de pena al obispo de Bayeux-Lisieux, Pierre Pican, de 66 años, por no haber denunciado a un abad que declaró; haberle confesado sus abusos sexuales a menores. El abad, René Bissey, fue condenado en octubre de 2000 a 18 años de cárcel por abusar sexualmente de 11 adolescentes.

El caso generó grandes debates en Francia sobre si el secreto de la confesión era más importante para la Iglesia católica que la protección de la infancia.

"Graves daños"

En 1997, un tribunal civil estadounidense halló culpable a la diócesis católica de Dallas, Texas, por encubrir un caso similar y otorgó a las víctimas US$119.6 millones por concepto de daños.

En noviembre de 2001, en su primer mensaje enviado por correo electrónico, el papá Juan Pablo II ofreció disculpas a los pueblos de Oceanía por los abusos sexuales llevados a cabo por miembros del clero católico.

"En algunas partes de Oceanía, los abusos sexuales cometidos por sacerdotes y religiosos han provocado grandes sufrimientos y daños espirituales a las víctimas", reconoció el líder religioso.

"Esto ha causado graves daños a la vida de la Iglesia y se ha convertido en un obstáculo para la trasmisión del Evangelio".

"El abuso sexual dentro de la Iglesia es una profunda contradicción con la enseñanza y el testimonio de Jesucristo", escribió el papa.

Martes, 04 de septiembre de 2001 - 17:53 GMT
Condenan a obispo en caso de pedofilia

BBC Mundo

Las familias de las víctimas dijeron que el obispo debió informar a la policía.

Una corte francesa condenó a un obispo católico a tres meses de sentencia suspendida por ocultar que un sacerdote estaba abusando sexualmente de niños.

Los fiscales dijeron que el obispo Pierre Pican, de 66 años, no llevó el caso a la atención de las autoridades.

De esta manera, Pican se convierte en el primer obispo en ser condenado por una ofensa criminal en la historia moderna de Francia.

¿Secreto de confesión?

Los abogados de Pican argumentaron que las acciones del obispo estaban motivadas por lo que podía considerarse secreto clerical, aun cuando él tuvo conocimiento de los actos ilícitos del sacerdote por fuera del confesionario.

La fiscalía respondió que la noción legal de secreto profesional no aplicaba para crímenes contra niños.

El sacerdote, Rene Bissey, fue condenado el año pasado por violar y abusar sexualmente de 11 menores entre 1996 y 1998. Fue sentenciado a 18 años de prisión.

En junio pasado, el obispo Pican admitió ante la corte que había ocultado las actividades pedófilas del sacerdote y aseguró que no volvería a hacerlo.

Pican supo de los abusos cometidos por Bissey en 1996. Su decisión fue enviarlo a retiros, a ver a un psiquiatra y luego transferirlo a la parroquia donde fue finalmente arrestado.

EL TIEMPO

Los pecados del padre Geoghan

Estados Unidos no sale del asombro, tras confirmarse que la Iglesia católica ocultó durante más de 30 años las desviaciones del reverendo John Geoghan para evitar un escándalo que involucra denuncias de abusos en más de 130 niños.

El pasado 18 de enero una corte de Boston, Massachussets encontró a Geoghan culpable de haber abusado de un menor de diez años. El sacerdote había introducido sus manos en el pantalón de baño del pequeño mientras realizaban una práctica de natación a comienzos de los noventa. Geoghan, hoy de 66, años podría ser condenado a más de 10 años de cárcel y aguarda aún el veredicto de otros dos juicios que están en curso por acciones similares. Además, y gracias al revuelo que ha causado el incidente, más de 84 niños —hoy adultos— han salido de su silencio para denunciar abusos cometidos en el pasado por el sacerdote.

Lo que ha hecho del caso Geoghan algo diferente es que el juez que lo manejaba decidió, tras una demanda interpuesta por el diario 'The Boston Globe', abrir los expedientes de la querella que normalmente están vetados al público.

Al hacerlo, quedaron expuestos más de 10.000 documentos en los que se detallan las maniobras de la Iglesia por tapar las 'andanzas' del sacerdote, conceptos de psiquiatras que lo catalogaban como "pedófilo en potencia, obsesivo compulsivo con rasgos narcisistas"; los nombres de otros obispos y cardenales que sabían de sus inclinaciones y no hicieron nada para detenerlo y decenas de acusaciones y protestas elevadas a la Iglesia por padres de niños que decían haber sido víctimas de Geoghan.

Arreglos 'non sacntos'

Las andanzas del sacerdote se remontan a 1962 y se extienden hasta 1995, fecha en la que se retiró del servicio activo. Durante ese período, demuestran los documentos, la arquidiócesis de

Boston trasladó a Geoghan de más de 10 parroquias en las que había sido acusado de pedofilia. Aún más, para evitar que las denuncias se convirtieran en juicios arregló "por las buenas" más de 50 acusaciones de transgresiones sexuales y pagó un total de 10 millones de dólares a las familias afectadas.

También hay varios conceptos de psiquiatras y clínicas de tratamiento en las que Geoghan fue recluido para tratar su mal y que recomendaron en su momento alejar al sacerdote de la práctica activa. "No se puede dar el lujo de tenerlo en una parroquia. Más vale que le corte las alas antes de que esto explote", decía Edward Messner uno de los psiquiatras encargados de su tratamiento en una carta fechada en 1989 y dirigida al cardenal Bernard Law, encargado de la arquidiócesis de Boston.

Law hizo caso omiso de la recomendación y reasignó a Geoghan a la parroquia de Santa Julia, en el suburbio de Weston, donde trabajó hasta la fecha de su retiro.

Expiando culpa

De hecho, Law se comprometió a reportar a las autoridades las acusaciones de abuso sexual que se eleven contra miembros del clero a su cargo como lo hacen la mayoría de las diócesis en E.U.

Al hacerlo, sin embargo, Law obró en contra de un nuevo dictamen del Vaticano que exige que en casos de transgresiones sexuales se dé previo aviso a la Santa Sede que a la larga será quien decida si el abusador será "removido, suspendido, o reubicado".

El gesto, aunque sirvió para calmar un poco los ánimos, no satisfizo del todo a los bostonianos.

Esta semana, por orden del Cardenal Law, fueron abiertas al público 40 años de "memorias" de la arquidiócesis. Su contenido no fue menos escalofriante que el caso de Geoghan. De acuerdo con los documentos, la arquidiócesis resolvió por fuera de los tribunales decenas de casos de abuso sexual en los que estaban implicados por lo menos 70 sacerdotes más.

Una portavoz de la Iglesia indicó que los sacerdotes que aparecen en esta nueva "lista negra" ya están retirados.

"Creo en la religión católica, pero no puedo volver a la Iglesia. He perdido mi fe en ella y ahora rezo dentro de mi carro cuando voy camino a mi trabajo", dice Anthony Muzzi, hoy de 47 años y una de las primeras víctimas de John Geoghan.

Otros casos

Los casos de sacerdotes vinculados en casos de pederastia o de violaciones no son nuevos. En octubre del 2000, en Francia, el abad René Bissey fue condenado a 18 años de cárcel por violar y agredir sexualmente a menores de 15 años entre 1987 y 1996. Por este mismo caso fue condenado a tres meses de prisión condicional el obispo Pierre Pican, por no haber alertado a la Justicia de los actos de pedofilia cometidos por el abad, de quien era superior jerárquico.

En otro caso, también en Francia, el sacerdote Hubert Barral fue acusado de "no asistencia a personas en peligro" por no haber denunciado los actos pederastas que cometía su amante en el presbiterio de su parroquia.

Ante el Tribunal, Barral definió las actividades de su amante en la habitación vecina a la suya como 'actos de desarrollo personal', 'libremente elegidos' por cada cual, 'cualquiera que sea su edad'. Y en marzo del año pasado, el Vaticano, en un hecho sin precedentes, reconoció públicamente que conoce casos de sacerdotes que han abusado sexualmente de religiosas en 23 países del mundo, entre ellos Colombia.

El informe se centró en África, donde algunos sacerdotes identificaron a las monjas como sexualmente seguras ante la devastadora presencia del SIDA en ese continente.

Por Sergio Gómez Maseri
Corresponsal de EL TIEMPO
Washington
Eltiempo.com
Domingo 3 de febrero de 2002.

EL TIEMPO
Revuelo en España por sacerdote que se declaró homosexual

El sacerdote de un tranquilo pueblo de sólo 12.500 habitantes puso 'patas arriba' a la conservadora y católica sociedad española, al convertirse en el primer hombre de la Iglesia de este país que se declara públicamente homosexual 'practicante'.

La historia de José Mantero, 39 años y párroco de Valverde del Camino (Huelva), ha llegado a todos los medios de comunicación de España tras ser portada del último número de la revista 'Zero', una publicación mensual orientada al público homosexual.

La carátula de Zero lleva una enorme foto del sacerdote con un titular que dice: "Doy gracias a Dios por ser gay".

El prelado sostiene que no ve ninguna incompatibilidad entre ser homosexual y pertenecer a la Iglesia y cuenta su caso: "Lo descubrí a los 31 años (...) porque me enamoré. Fue una historia muy bonita, pero acabo mal. Mi primera relación no sexual, sino más completa, fue la que me encendió el chip, la que me hizo dar gracias a Dios por ser gay".

Sobre su no respeto al voto de castidad, al que están obligados todos los miembros de la Iglesia Católica, afirma: "yo no vivo ni mucho menos en la continencia. Lo hice durante siete años (...) pero me iba al pozo (...) psicológicamente". Y remata: "Continente ya no hay nadie".

Mantero dijo ayer a la cadena radial Ser que su intención con esta declaración "es crear un maremoto" que contribuya a "un cambio de mentalidad", **pues dice que en la Iglesia hay muchos como él.**

En la Iglesia, "lo normal es callar, negar tu propio ser: y así estás anulado. (...) Lo que se quiere es negar el hecho homosexual, negar que en nuestras filas hay maricones. A mí ya no me pueden echar porque ya estoy ordenado, pero, antes de la ordenación, te echan", comenta en el reportaje de la revista Zero.

No obstante, Mantero asegura que quiere "muchísimo a la Iglesia" y que no actúa por resentimiento sino motivado por su fe. "Alguien tenía que hacerlo y tal vez he actuado porque Dios así me lo estaba pidiendo", dijo ayer a la cadena Ser.

El secretario portavoz de la Conferencia Episcopal española, monseñor Juan José Asenjo, reaccionó recordando que la Iglesia "no admite la práctica de la homosexualidad", pues "la considera un pecado, un desorden moral". Palabras que intentó matizar asegurando que "la Iglesia acoge en su seno, como madre, a los homosexuales (...) y condena cualquier discriminación de los homosexuales en la vida legal y la vida social".

Asenjo también enfatizó que quienes han elegido ser sacerdotes deben vivir bajo la ley del celibato, aunque se negó a adelantar si Mantero será sancionado.

El presidente de la plataforma 'gay' del Partido Popular (en el poder) y redactor de la revista Zero, Carlos Alberto Biendicho, **advirtió que, si hay represalias contra el párroco de Valverde del Camino, él divulgará los nombres de tres obispos con los que mantuvo relaciones sexuales en el pasado.**

Víctor Manuel Vargas
Corresponsal de EL TIEMPO
Madrid
vicvar2@telefonica.net

'Ser homosexual es un don de Dios, no un pecado'
JUAN G. BEDOYA | **Madrid**

Con más prensa que un cardenal y el aplomo de un predicador con muchos años de púlpito, el cura José Mantero, ex vicario de Valverde del Camino (Huelva), compareció ayer en un hotel de Madrid ante más de medio centenar de periodistas, algunos extranjeros, para remachar algunas cuestiones suscitadas tras su estruendosa salida del armario como sacerdote homosexual. 'Ser gay no es un pecado ni un desorden moral, sino que es también un don de Dios, de la misma manera que ser heterosexual o lesbiana. Dios te crea así y te quiere así', dijo.

Arropado por directivos de la revista Zero, donde la semana pasada hizo pública declaración de homosexualidad y de estar vulnerando el deber de castidad que prometió en la ordenación presbiteral, José Mantero sostuvo ayer que, tras su apabullante presencia estos días en los medios de comunicación más rosas, 'no ha nacido una estrella', sino una persona coherente que quería llegar con 'este mensaje no sólo a intelectuales y artistas, sino a otros segmentos de la sociedad como las comadres que ven ese tipo de programas y entre las que también hay gays y lesbianas'.

'No tengo ningún interés en fama o dinero, el binomio sagrado. En absoluto soy o quiero ser una estrella. Ni cobro por esto. Eso que dicen algunos periódicos estos días son falacias', se quejó el sacerdote suspendido de sus funciones el miércoles pasado por el obispo de Huelva, Ignacio Noguer Carmona, su superior jerárquico. Mantero dijo no conocer aún las consecuencias exactas de la sanción episcopal, pero aseguró que pronto va a volver a su antigua parroquia -'aunque no a dar explicaciones', que no tiene por qué, dijo retador. 'También pronto voy a hablar con mi obispo, aunque lo que va a ocurrir no se lo podré decir a ustedes porque será una conversación privada', añadió.

¿De qué vivirá Montero cuando deje de cobrar el sueldo sacerdotal? 'Demasiado pronto, no para pensarlo, pero sí para decirlo. Dios dirá, y nunca mejor dicho', respondió. Para empezar, el ya exvicario onubense no cree que deba dejar el curato, a pesar del estruendo causado entre los eclesiásticos por sus declaraciones. 'No quiero abandonar el sacerdocio; es perfectamente compatible ser sacerdote y homosexual con una vida sexual activa, quiero decir normal. Sacerdocio y celibato no están unidos teológicamente. Las religiones no son homofóbicas per se, en el origen. La idea del cuerpo como cárcel del alma, esa idea, se ha ido contagiando con el tiempo, pero la Biblia no es ni siquiera un pelín contundente sobre la homosexualidad'.

Bajo unas enormes pancartas de la revista que le apadrina, entre las que destacaba la portada de Zero que sacó del armario, también con estrépito, al teniente coronel José María Sánchez Silva, Mantero proclamó que no se siente 'un cura moderno, ni mucho menos'. 'He predicado siempre lo que pienso sobre estos temas cuando ha habido oportunidad, pero nada más. El estereotipo de cura moderno me cae un poco largo. En otros aspectos puedo ser tradicionalista, como en la liturgia'. Mantero también confesó, minutos antes de terminar la multitudinaria conferencia de prensa, no haber celebrado misa esa mañana. No dijo si lo haría, sonriente, seguro de su libertad para medir en cada momento el límite de lo que le interesa decir. Antes había afirmado estar 'desbordado y apabullado'. No lo pareció en momento alguno.

Sábado 9 de febrero de 2002
www.elpais.es

Italia-Sacerdotes-SIDA: Sacerdote cuenta la vida de sus colegas homosexuales y con SIDA
Agence France-Presse - Noviembre 24, 2000

ROMA, Nov 24 (AFP) - El sacerdote italiano Antonio Mazzi, que trabaja desde hace años con jóvenes drogadictos, contó a una revista italiana la experiencia de algunos sacerdotes enfermos de SIDA o que tuvieron experiencias homosexuales. "Los sacerdotes enfermos tienen en promedio 40 años y llegaron a mi centro muchos años después de que tuvieran la relación que los contagió. Entre ellos hay monjes, párrocos, monseñores, sí monseñores", afirmó Mazzi, a la revista Panorama. Según el religioso, "los sacerdotes 'institucionalizados', que trabajan en oficinas, que son funcionarios, secretarios o periodistas, son los que más caen".

Los sacerdotes homosexuales son sobre todo jóvenes, según dijo. "Es un fenómeno que se está expandiendo en los seminarios, como sucede en los cuarteles o embarcaciones".

Mazzi reveló que personalmente trabajó en un centro de asistencia cerca de Garda (norte de Italia) para ayudar a "sacerdotes homosexuales, enamorados o con hijos". El periodista italiano Marco Politi, autor de una biografía del papa Juan Pablo II con el periodista estadounidense del Watergate Carl Bernstein, acaba de lanzar un libro con la entrevista-confesión de un sacerdote homosexual.

001124 / AF001171_ES
www.aegis.com

27 de marzo del 2001
Vaticano: Se destapó la olla
Laura E. Asturias

Tertulia

Tarde o temprano el Vaticano habría de admitir, como acaba de hacerlo, aunque minimizando los hechos, su conocimiento de las violaciones sexuales y otros abusos de poder que cientos de religiosas han sufrido durante años a manos de sacerdotes y misioneros, especialmente en África. Y todo ello, divulgado por la revista estadounidense National Catholic Reporter (NCR) el 16 de marzo, **desnuda la cínica hipocresía de una cúpula eclesiástica cuyo discurso es de condena hepática al aborto, mientras sabe que miembros de la iglesia obligan a religiosas a someterse a este.**

Las violaciones sexuales cometidas por sacerdotes "célibes" han sido siempre un secreto a gritos (como lo son sus prácticas homosexuales, comunes en cualquier lugar que aglutine personas de un solo sexo: monasterios, cuarteles, conventos o cárceles). Pero no fue sino hasta la década pasada que mujeres católicas alzaron una fuerte voz para detener las vejaciones. Y tenían que ser ellas, porque los hombres están casi todos escondidos debajo de una misma chamarra.

Ya en febrero de 1994 la médica misionera de Cáritas Internacional, Maura O'Donohue, tras visitar más de 20 países, había denunciado ante la jerarquía vaticana, entre otras cosas, que las religiosas, consideradas "blancos seguros" (libres de SIDA), estaban siendo objeto de abusos: ellas le habían relatado que los sacerdotes las explotaban sexualmente pues temían adquirir el VIH en contactos con prostitutas. En 1991, la superiora de una comunidad de religiosas fue visitada por curas que pedían que las hermanas estuvieran disponibles para ellos. Cuando ella rechazó semejante solicitud, le dijeron que se verían "obligados" a buscar mujeres en el pueblo y podrían contraer el mortal virus.

Las denuncias abundan en el nuevo informe de O'Donohue, cuyos contenidos fueron divulgados por la NCR. Los "favores sexuales" han sido el precio exigido por sacerdotes para otorgar certificados o recomendaciones a las religiosas. De una congregación diocesana se expulsó a más de 20 que fueron embarazadas por curas. En otra, cuando 29 también fueron embarazadas por sacerdotes de la diócesis, la superiora se quejó ante el arzobispo; poco después, ella y sus consejeras fueron expulsadas por este durante una función pública.

Es patético el caso de una mujer islámica quien, convertida al catolicismo, fue aceptada como candidata para ingresar a una congregación religiosa. Al acudir a su párroco solicitando los certificados requeridos, este la violó antes de entregárselos. Cuando ella descubrió que estaba embarazada, decidió hablar con el obispo. Él mandó llamar al sacerdote involucrado, quien admitió haberla violado. Y luego el obispo lo envió a un retiro por dos semanas.

Según reporta O'Donohue, médicos empleados en hospitales católicos dicen haber sido presionados a realizar abortos a religiosas y otras jóvenes llevadas allí por sacerdotes. En uno de tales casos, una religiosa murió durante el procedimiento y el mismo cura que la llevó a abortar ofició su misa de réquiem.

Se destapó la olla y qué bien que haya ocurrido. Las diversas violaciones sexuales a mujeres, niñas y niños (también a hombres adolescentes y adultos) han sido el arma utilizada desde siempre por quienes se creen dueños de las vidas de otras personas, pobres hombres con profundas deficiencias afectivas que en la niñez fueron despojados de todo poder personal mediante la violencia física, psicológica o sexual.

Pero nada de eso justifica la violación. Y las cosas cobran un matiz tanto más "pecaminoso" cuando los protagonistas de tales vejámenes, amparados por sus superiores, son precisamente aquellos que desde el púlpito cacarean hasta el cansancio contra el libertinaje, la promiscuidad, la lujuria, y por todo ello amenazan a sus congregaciones con el fuego del infierno.

www.rebelion.org

El Vaticano reconoce denuncias de abusos sexuales contra monjas
20 de marzo, 2001

Actualizado: 2:02 PM hora de Nueva York (1902 GMT)
CIUDAD DEL VATICANO -- El Vaticano reconoció el martes la existencia de un informe según el cual algunos sacerdotes y misioneros abusaron sexualmente de varias monjas, y en algunos casos violaron a sus víctimas y luego las obligaron a abortar.

El informe, citado por el diario República de Roma, fue preparado por la monja médica Maura O'Donohue, quien lo entregó posteriormente al jefe de la Congregación de Ordenes Santas del Vaticano, cardenal Martínez Somalo, en febrero de 1995.

"La Santa Sede está lidiando con el asunto en colaboración con obispos, la Unión de Superiores Generales (que agrupa a los jefes de órdenes religiosas masculinas) y la Unión Internacional de Superioras Generales (integrada por órdenes religiosas femeninas)".

Aunque el Vaticano no mencionó ninguna área geográfica específica, el informe indicó que la mayoría de los incidentes de abuso sexual contra monjas se registró en África, donde las religiosas eran percibidas como "seguras", ante la devastadora presencia del virus VIH y el SIDA en el continente. Los casos mencionados en el informe, firmados con nombres y apellidos, fueron dados a conocer a las autoridades eclesiásticas en varias ocasiones durante la década de 1990, dijo en su artículo el respetado corresponsal del Vaticano Marco Politi.

Somalo ordenó entonces a un equipo de la Congregación estudiar el problema junto con O'Donohue, quien era a su vez coordinadora de Cafod, la sede británica del Fondo Católico para el Desarrollo Internacional.

O'Donohue refirió el caso específico de un sacerdote que forzó a una monja a someterse a un aborto que le costó la vida. El mismo sacerdote ofició luego la misa fúnebre de la religiosa.

"Hay casos en que los sacerdotes obligaron a las monjas a tomar píldoras y hubo incluso 20 monjas de una orden religiosa que estuvieron embarazadas al mismo tiempo", destaca el artículo de Politi, citando el informe.

Las acusaciones fueron divulgadas por primera vez el 16 de marzo en el semanario National Catholic Reporter, de la ciudad estadounidense de Kansas City, y la pequeña agencia de noticias religiosas Adista, de Italia.

(Con información de Reuters)

Cartas de la Madre Teresa reflejan dudas de fe en momentos de su vida, 7 de septiembre, 2001 Actualizado: 11:58 AM hora de Nueva York (1558 GMT)

KOLKATA, India (CNN) -- La Madre Teresa de Calcuta se sintió abandonada de Dios en ciertos momentos de su vida, según cartas escritas por la monja a sus directores espirituales en las décadas de 1950 y 1960.

Las misivas también reflejan las tribulaciones y, en ocasiones, dolorosos conflictos que tuvo a veces con su fe.

"Me dicen que Dios habita en mí... y sin embargo la oscuridad, la frialdad y vacío es tan grande que nada toca mi alma", escribió en una de las cartas.

Algunas de las cartas íntimas muestran la lucha de la monja para mantener su fe. **"Donde intento elevar mis pensamientos al Cielo, hay tal vacío que esos mismos pensamientos retornan a mí como cuchillos afilados y hieren mi alma"**, escribió.

La Madre Teresa decía: **"Soy incapaz de decirle cuán oscura está mi alma, cuán dolorosa, cuán terrible... Tengo ganas de rechazar a Dios"**.

"**No se puede ser santo sin sufrir**", declaró el padre Edward de Joly, quien fue director espiritual de las Misioneras de la Caridad, la orden fundada por la Madre Teresa en Kolkata en 1950.

La labor de la Madre Teresa con los pobres y desfavorecidos en la India y el resto del mundo le hicieron merecedora del Premio Nóbel de la Paz en 1979.

Lo anterior deja en entredicho muchos conceptos, de usted serán las conclusiones, la iglesia se ha limitado a pagar grandes sumas o invitar a los curas a un retiro sin tener en cuenta el grave daño social que producen sus actos.

De parte del grupo de WICCA, Gracias por viajar a través de estas páginas y develar los misterios que esconde lo prohibido. Esperamos que este libro haya sido una luz.

Omar Hejeile Ch.

Enciclopedia Universo de la Magia

¿Desea aprender magia?

Ingrese a la escuela de la magia a través de nuestra enciclopedia en Ofiuco Wicca. El poder oculto de la mente, la influencia sin espacio ni tiempo. Un conocimiento guardado por milenios, ahora en sus manos.

WWW.OFIUCO.COM

Made in the USA
Middletown, DE
23 April 2021